全国学前教育专业艺术类规划教材

YOU'ERYUAN
ZHIZUO YU YINGYONG

幼儿园游戏材料本土化探索系列教材

幼儿园玩教具制作与应用

黄玉娇 周霞 主编

西南大学出版社
国家一级出版社 全国百佳图书出版单位

图书在版编目（CIP）数据

幼儿园玩教具制作与应用/黄玉娇，周霞主编.—重庆：西南大学出版社，2022.1
ISBN 978-7-5697-1203-2

Ⅰ.①幼… Ⅱ.①黄…②周… Ⅲ.①幼儿园—自制玩具②幼儿园—自制教具 Ⅳ.① G614

中国版本图书馆CIP数据核字（2021）第235211号

幼儿园玩教具制作与应用
YOU'ERYUAN WANJIAOJU ZHIZUO YU YINGYONG

黄玉娇　周霞　主编

责任编辑：	王玉菊
责任校对：	戴永曦
封面设计：	观止堂_未　氓
版式设计：	汤　立
排　　版：	黄金红
出版发行：	西南大学出版社（原西南师范大学出版社）
地　　址：	重庆市北碚区天生路2号
邮　　编：	400715
电　　话：	（023）68860895
传　　真：	（023）68208984
经　　销：	新华书店
印　　刷：	重庆友源印务有限公司
幅面尺寸：	185mm×260mm
印　　张：	12.5
字　　数：	295千字
版　　次：	2022年1月 第1版
印　　次：	2022年1月 第1次印刷
书　　号：	ISBN 978-7-5697-1203-2
定　　价：	58.00元

本书如有印装质量问题，请与我社市场营销部联系更换。
市场营销部电话：（023）68868624　68367498
西南大学出版社美术分社欢迎您的赐稿。
美术分社电话：（023）68254657　68254107

编委会

主　编：黄玉娇　周　霞

副主编：莫　莹　秦建勋　张艳梅　蔡晓余

编　委：（按姓氏笔画排序）

马义俐　王　双　石丽莉　田义君　代蕾蕾　仲　昕
全　雯　刘　敏　刘　清　李群芳　吴　萍　何连娜
余琳媛　张　翠　张世香　张红梅　陆　珊　陈　珊
陈　霞　陈发维　陈素梅　罗晓霞　周　禹　周　敏
周俐娟　练　励　赵　维　赵利利　胡正玲　胡昌菊
钟安素　禹登艳　娄方莉　贺媛娜　唐翠岚　龚国莲
龚晓霞　葛赞红　程黔辉　雷　旭　雷　莎　雷　蕾
詹智超　谭　玲　谭沙沙　潘文锐

前 言

《幼儿园教师专业标准（试行）》（以下简称《专标》）中明确要求，幼儿园教师应"合理利用资源，为幼儿提供和制作适合的玩教具和学习材料，引发和支持幼儿的主动活动"。《3~6岁儿童学习与发展指南》（以下简称《指南》）中更是指出："幼儿的学习是以直接经验为基础，在游戏和日常生活中进行的。……最大限度地支持和满足幼儿通过直接感知、实际操作和亲身体验获取经验的需要。"玩教具是幼儿的"教科书"，是幼儿最好的伙伴，是幼儿游戏不可缺少的道具。幼儿在与玩教具的交互作用中，成功地超越感知情景，不断赋予玩教具新的意义和内涵，好的玩教具不仅能激发幼儿探索的欲望，使幼儿获得丰富的经验，还能使幼儿获得快乐的情感体验，为幼儿一生全面健康和谐发展奠基。

作为学前教育与幼儿活动的媒介，玩教具已经成为幼儿园的必备之品，幼儿园教师职业素养提升的关键要素之一，学前教育内涵建设和质量提升中不可或缺的一部分，更是推进课程游戏化和游戏材料本土化的重要抓手之一。因此本书主要对幼儿园玩教具设计制作及应用等方面进行探讨，共七大章：第一章主要包括七个小节，对幼儿园玩教具的发展历史、定义和特点、分类和价值、基本要求和原则、基本步骤和方法、配备和应用情况进行介绍；第二章到第七章主要偏重实践层面的探讨，涉及的类型包括科学类、益智类、建构类、运动类、艺术类、综合类六大类玩教具的设计制作和应用，每个大类包括制作与应用要点、制作与应用案例两大板块内容，六大类玩教具共收录幼儿园一线优秀玩教具制作与应用案例16个，且全部内容配套有线上共享教学微视频资源、教学大纲、教案和PPT等。全书框架明晰，形式新颖，内容实用，操作性和层次性较强，从打造一流课程的角度入手，旨在提高学生的专业素养，教学内容力求切合幼儿园教育工作的实际需要，加强针对性和实用性，突出实践技能的培养。本书有以下几个鲜明的特点：

1. 内容紧扣前沿，课程导向明确

本书注重内容的前沿性，尤其在第一章的理论部分坚持思想性原则，重视培养学生正确的价值观、课程观和儿童观，力求让学生循着玩教具的发展走向、现存问题、实效分析及未来展望等，以一种客观和理性思维重新审视今天玩教具的种种现象，正确看待自制与工业化生产玩教具之间的异同及价值导向。同时，本书强调基于儿童的视角来理解玩教具制作和应用，从而极大发挥幼儿的主体性，较好地明确了本书及其相应课程教学的导向，

即一切为了幼儿,为了幼儿的一切!另外,本书在目标和重难点设计上体现不同侧重点,又实现循序渐进。支持不同地方二本院校和高职高专院校根据学生情况灵活安排教学,满足不同水平学生的不同需求。

2. 混合教学模式,突出技能实训

本书依托"幼儿园玩教具制作与应用"课程,初步建构了"学展赛训合一"立体化实践教学模式。"学展赛训合一"是在师生平等互动下,以学生实践和师生交流为主要特征,融认知活动、技能实训、行为养成和品质养成为一体,促进师生共同发展的实践教学模式。在该模式中,"学、展、赛、训"四者是不可分割的整体,其中,"学"是基础,"展""赛"是桥梁,"训"是核心。在该模式下,教师引导学生在一种主动、平等、对话、互惠、愉快的情境中开展学习活动,共同完成实践教学目标,实现师生的共同成长和发展。并力求实现四个融合:即"理论与实践、知识与能力、职业与发展、高校与园方"的深度融合,以强化学生的教育教学技能,突出课程实训教学。同时,体现出两个结合:即"校园结合、学用结合"的特色(见下图所示)。

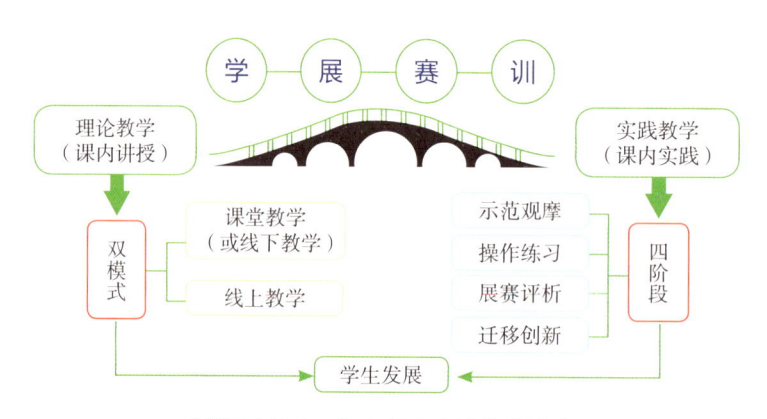

"学展赛训合一"立体化实践教学模式图

此外,通过章后的拓展练习和综合实训,让幼儿教师相关职业技能的培养得到落实,最终培养出具有四大特征(即"爱专业、强技能、善合作、会做事")的新型应用型学前教育人才。基于该模式,对本书各章节的课时安排建议如下:

各章节课时安排表

章　名	章节内容	课时分配	
第一章 幼儿园玩教具概述	第一节 幼儿园玩教具的发展历史	2	12
	第二节 幼儿园玩教具的定义与特点	1	
	第三节 幼儿园玩教具的分类与价值	1	
	第四节 幼儿园玩教具设计与制作的基本要求与原则	2	
	第五节 幼儿园玩教具设计与制作的基本步骤与方法	2	
	第六节 幼儿园玩教具的配备	3	
	第七节 幼儿园玩教具的应用	1	
第二章 科学类玩教具的制作与应用	第一节 科学类玩教具制作与应用要点	1	24
	第二节 科学类玩教具制作与应用案例	3	
第三章 益智类玩教具的制作与应用	第一节 益智类玩教具制作与应用要点	1	
	第二节 益智类玩教具制作与应用案例	3	
第四章 建构类玩教具的制作与应用	第一节 建构类玩教具制作与应用要点	1	
	第二节 建构类玩教具制作与应用案例	3	
第五章 运动类玩教具的制作与应用	第一节 运动类玩教具制作与应用要点	1	
	第二节 运动类玩教具制作与应用案例	3	
第六章 艺术类玩教具的制作与应用	第一节 艺术类玩教具制作与应用要点	1	
	第二节 艺术类玩教具制作与应用案例	3	
第七章 综合类玩教具的制作与应用	第一节 综合类玩教具制作与应用要点	1	
	第二节 综合类玩教具制作与应用案例	3	
总计		36	

3. 运用信息技术，创建立体教材

本书充分利用信息技术给教育模式带来的变革，注重与数字课程深度融合，把相应拓展内容用二维码的形式呈现，通过扫描教材中的二维码，学生可以定位至相应共享微课资源，随时随地进行学习，以补充和丰富该章节的内容，帮助学生加深对相应知识点的理解和巩固。

同时，采用混合式教学模式，学生可在线下章节学习进程中与线上学习混合，如进行课前预习、微课观看、话题研讨、实操观摩、虚拟仿真、实训展示等活动，丰富传统课堂的学习内容，帮助学生自主学习，实现线上线下优势互补，充分调动学生学习的自主性和积极性，有效提升教学效果，从而形成云端学习共同体，使"课前—课中—课后"的学习进程形成一个"线上—线下—线上／线下"的完整学习闭环。

4. 产出任务先导，实现学用一体

本书始终坚持"学生中心、产出导向、学用一体"的原则，逐步达成从了解、理解到掌握、学会玩教具设计目标的进阶性。在内容选择上，本书结合幼儿园玩教具制作与应用现状，对幼儿园不同类型自制玩教具的配备材料特性、制作步骤及运用方法等分别做了具体介绍。在内容组织上，本书在第二章至第七章对大量一线幼儿园优秀玩教具制作和应用案例进行观摩、研讨与剖析，以帮助学生直观理解所学书本内容，为学生课后技能实训的迁移创新及风采展示做铺垫。尤其通过"实操视频＋应用案例"板块打通学生理论脱离实践的死穴。教授该课程的教师通过使用该教材及其线上课程资源，可轻松实现"线上＋线下混合式教学"和"翻转课堂"等。总之，从目标、内容和方式上为完成产出任务做好准备，使学前教育专业学生达到毕业后能制作玩教具，能引导幼儿设计制作玩教具，并能在游戏应用中科学指导幼儿，最终实现学用无缝对接。

黄玉娇
2021 年 9 月 10 日
于遵义师范学院教师教育学院

二维码资源目录

序号	资源内容	资源提供者	二维码所在章节	码号	二维码所在页面
1	未来科学家教学视频1	贺媛娜、詹智超、周禹	第二章	码2-1	48
2	未来科学家教学视频2	贺媛娜、詹智超、周禹	第二章	码2-2	53
3	趣味沙滩教学视频1	练励、娄方莉、马义俐	第二章	码2-3	60
4	趣味沙滩教学视频2	练励、娄方莉、马义俐	第二章	码2-4	62
5	瓶盖王国教学视频1	程黔辉、代蕾蕾、雷旭	第三章	码3-1	77
6	瓶盖王国教学视频2	程黔辉、代蕾蕾、雷旭	第三章	码3-2	80
7	多功能智慧板教学视频1	张翠、龚晓霞、吴萍	第三章	码3-3	85
8	多功能智慧板教学视频2	张翠、龚晓霞、吴萍	第三章	码3-4	87
9	玩转纸箱教学视频1	胡昌菊、唐翠岚、陈素梅	第三章	码3-5	90
10	玩转纸箱教学视频2	胡昌菊、唐翠岚、陈素梅	第三章	码3-6	93
11	玩转纸箱教学视频3	胡昌菊、唐翠岚、陈素梅	第三章	码3-7	94
12	玩转纸箱教学视频4	胡昌菊、唐翠岚、陈素梅	第三章	码3-8	95
13	玩转纸箱教学视频5	胡昌菊、唐翠岚、陈素梅	第三章	码3-9	97
14	网乐教学视频1	钟安素、石丽莉、雷莎	第五章	码5-1	115
15	网乐教学视频2	钟安素、石丽莉、雷莎	第五章	码5-2	117
16	网乐教学视频3	钟安素、石丽莉、雷莎	第五章	码5-3	119
17	稻草家族教学视频	田义君、张红梅、陈霞	第五章	码5-4	121
18	管兵布阵教学视频	谭沙沙、张世香	第五章	码5-5	126
19	簸箕乐园教学视频	赵维、谭玲	第七章	码7-1	153
20	哇！镜子！教学视频1	刘敏、刘清、全雯	第七章	码7-2	162
21	哇！镜子！教学视频2	刘敏、刘清、全雯	第七章	码7-3	166
22	哇！镜子！教学视频3	刘敏、刘清、全雯	第七章	码7-4	167

目录

001	**第一章　幼儿园玩教具概述**
002	第一节　幼儿园玩教具的发展历史
002	一、幼儿园玩教具的起源
003	二、幼儿园玩教具的发展
004	第二节　幼儿园玩教具的定义与特点
004	一、幼儿园玩教具的定义
005	二、幼儿园玩教具的特点
009	第三节　幼儿园玩教具的分类与价值
009	一、幼儿园玩教具的分类
010	二、幼儿园玩教具的价值
012	第四节　幼儿园玩教具设计与制作的基本要求与原则
012	一、幼儿园玩教具设计与制作的基本要求
013	二、幼儿园玩教具设计与制作的基本原则
015	第五节　幼儿园玩教具设计与制作的基本步骤与方法
015	一、幼儿园玩教具设计与制作的基本步骤
016	二、幼儿园玩教具设计与制作的基本方法
017	第六节　幼儿园玩教具的配备
017	一、科学类玩教具的配备分析
022	二、益智类玩教具的配备分析
027	三、建构类玩教具的配备分析
030	四、运动类玩教具的配备分析
033	五、艺术类玩教具的配备分析
036	六、综合类玩教具的配备分析
037	第七节　幼儿园玩教具的应用
037	一、幼儿园玩教具应用的基本考虑

040	二、幼儿园玩教具应用的现存问题
041	三、幼儿园玩教具应用的实效分析
042	四、幼儿园玩教具应用的未来展望

045	**第二章　科学类玩教具的制作与应用**
046	第一节　科学类玩教具制作与应用要点
048	第二节　科学类玩教具制作与应用案例
048	案例1　未来科学家
059	案例2　趣味沙滩

067	**第三章　益智类玩教具的制作与应用**
068	第一节　益智类玩教具制作与应用要点
069	第二节　益智类玩教具制作与应用案例
069	案例1　"棋"思妙想
077	案例2　瓶盖王国
085	案例3　多功能智慧板
090	案例4　玩转纸箱

101	**第四章　建构类玩教具的制作与应用**
102	第一节　建构类玩教具制作与应用要点
103	第二节　建构类玩教具制作与应用案例
104	案例1　竹系列
107	案例2　红色童趣

113	**第五章　运动类玩教具的制作与应用**
114	第一节　运动类玩教具制作与应用要点
115	第二节　运动类玩教具制作与应用案例
115	案例1　网乐
121	案例2　稻草家族
126	案例3　管兵布阵

135　第六章　艺术类玩教具的制作与应用

136　第一节　艺术类玩教具制作与应用要点

137　第二节　艺术类玩教具制作与应用案例

137　案例1　"稻"艺有"道"

145　案例2　石头记

151　第七章　综合类玩教具的制作与应用

152　第一节　综合类玩教具制作与应用要点

153　第二节　综合类玩教具制作与应用案例

153　案例1　簸箕乐园

162　案例2　哇！镜子！

168　案例3　瓶盖趣多多

183　**参考文献**

186　**后记**

第一章
幼儿园玩教具概述

【学习目标】
1. 了解幼儿园玩教具的发展历史、应用情况。
2. 熟悉幼儿园玩教具的相关概念与特点、分类与价值及配备。
3. 掌握幼儿园玩教具设计与制作的基本要求与原则、基本步骤与方法。

【学习重难点】
学习重点：
幼儿园玩教具的相关概念与特点；幼儿园玩教具的发展历史；幼儿园玩教具设计与制作的基本要求与原则、基本步骤与方法；幼儿园玩教具的配备与应用。
学习难点：
幼儿园玩教具设计与制作的基本要求与原则、基本步骤与方法及其在幼儿园实践中的运用。

【情景导入】
区域活动时间到了，孩子们迫不及待地跑到各个区域。楠楠是个内向的女孩，她走到常去的手工区，拿起她最喜欢的超轻黏土，捏起了各种各样的小东西，有水果、小动物，还有五颜六色的娃娃。铭铭今天选择的是角色扮演，只见他穿上白大褂，有模有样地拿起一块"纱布"，正准备给一只受伤的小猴子包扎，他用"纱布"穿过小猴子的脖子，绕了几圈后，满意地说："小猴子得救了。"同时，另一个孩子华华则拿了一些积木，跑到沙土区，经过老师的询问，才知道原来他准备搭建一座城堡，他叫来了几位小伙伴，一起商量了起来……

玩教具在幼儿学习、游戏、生活中都是非常重要的，中国幼儿教育之父陈鹤琴先生曾说：我们要孩子不论大的小的，能够主动，能够思想独立，我们必须要给他适当的玩具教具、充分的工具设备。《幼儿园教育指导纲要》（以下简称《纲要》）中也指出："幼儿时期以游戏活动为主，玩教具操作是幼儿以游戏形式为主的自我学习和知识建构的过程，是幼儿园实现教育目标的重要途径，幼儿园教师设计制作玩教具，并利用玩教具提高幼儿学习和游戏的积极性与创造性，结合教育目标及幼儿发展需要使幼儿在玩中学、学中玩，从而实现幼儿全面和谐发展。"可见，玩教具在幼儿发展过程中至关重要。

因此，本章首先介绍了幼儿园玩教具的定义和特点、分类和价值及发展历史，并在此基础上阐述了幼儿园玩教具设计与制作的基本要求和原则、基本步骤和方法，最后论述了幼儿园玩教具的配备与应用等。作为一名幼儿园教师，不仅要学会如何设计制作玩教具，还要在实践应用中做好相应的指导。

第一节　幼儿园玩教具的发展历史

一、幼儿园玩教具的起源

玩具的历史可以追溯到新石器时代的陶制玩具，"一部玩具史，可以看作是人类文化史的一部分"。无论是在我国，还是在古希腊和古罗马等国家，都曾出现过玩具，当时的玩具是伴随着社会劳动的需要而出现的。玩具既是生产劳动的工具，又是满足幼儿心理需要的物品。除此之外，玩具还会伴随本地宗教文化和民族文化而产生，例如，起源于14世纪木质玩具的俄罗斯套娃，因其具有世代俄罗斯人民独有匠心的雕刻、绘画技巧及社会文化的积淀，随着时间的迁移，受到世界各族人民及儿童的普遍喜爱。直到17世纪末，玩具的教育价值才受到人们的重视。英国著名教育思想家洛克发明了识字积木，标志着具有可教性的玩教具的出现。随着工业革命的到来，社会生产力急速上升，人们的物质生活水平也不断提升，技术的革新促进了玩具现代化发展，最突出的特点是制作材料的出现，典型制作材料为"塑料"，塑料材质的出现大大节约了制作成本，在很多层面，取代了金属制品、植物类制品、陶瓷制品等；其次，玩具开始进行批量生产，市场竞争压力变大，种类和玩法也实现了多样化，促使普通百姓家的幼儿都有机会接触到现代化玩具。

延伸阅读

陀螺

起源于原始社会的陀螺，是用木头削成一个面平底尖的圆锥体，可在尖脚部安一粒钢珠。常见的玩法是先用一根小鞭子的鞭梢稍稍缠住它的腰部，再用力一拉，使其直立旋转起来，然后用鞭子不断抽打，令其旋转不停。所以人们将这种游戏称为抽陀螺或鞭陀螺。陀螺虽小，但作为一种玩具，却有着悠久的历史。早在1926年，山西夏县西阴村仰韶文化遗址便出土了一个陶制的小陀螺，新石器时代的遗址中也出土过陀螺，如江苏常州马家窑文化中出土过木陀螺，山西龙山文化遗址中出土过陶陀螺。在古代，陀螺作为纯粹的娱乐玩具与弹弓是不同的，弹弓是作为人们打猎时的一种工具出现的，而陀螺是人们在空余时间里消遣娱乐的玩具，我们的祖先在五六千年前就用陀螺消遣过时间。科学家根据陀螺的原理发明了陀螺仪，广泛运用于军事、航天等科技领域。打陀螺活动使人体的全身都得到全面的锻炼，具有活络关节、舒筋活血的功效。值得一提的是，该项目于2020年12月22日，被国家文化和旅游部列入第五批国家级非物质文化遗产代表性项目。

二、幼儿园玩教具的发展

随着社会的政治经济、社会文化、信息化发展以及人民群众生活质量的提高，人们越来越发现玩具具有教育性，便开始了玩教具的探索，将玩具的功能上升到了教育功能。我国玩教具在晚清才初露端倪，张之洞提出的"蒙养院"，开始了学龄前儿童的教育，但当时配合教学的玩教具配备还没有形成完整的体系，较为零散；到了中国现代教育家陈鹤琴，其在南京进行了学前教育研究，才真正把玩教具的价值提到了教学的高度，强调了玩教具需要儿童化、体现童心，要具有美感和耐用，并强调玩教具玩法的多样性等。

新中国成立后，我国玩教具的发展迈进一大步，1986年我国国家教育委员会教学食品研究所颁布了《幼儿园教玩具配备目录（试行）》，将玩教具"分为体育器械、角色游戏、结构游戏、沙水、计算、美工、音乐、语言常识、劳动工具及活动室专用设备"十类。到了1992年《幼儿园玩教具配备目录》正式颁布，将玩教具的类别分为体育类、构造类、角色表演类、科学启蒙类、音乐类、美工类、图书挂图与卡片类、电教类及劳动工具类九类，其中也对一类、二类、三类及学前班规定了配备金额。之后，我国各省市在此基础上根据本地社会文化颁布幼管玩教具配备的文件，如1998年上海市颁布了《上海市幼儿园装备标准》。随后，基于优质学前教育与追求教育公平的呼声，为了实现学前教育的公益性与教育公平，于2006年颁布了《上海市学前教育机构装备规范（试行）》，幼儿园玩教具实现了规范化，同时也成为实现三年行动计划的关键一步。随着学前教育需求量的增加和人民对教育需求的提高，为了解决"入园难"问题，北京市于2010年颁布了《北京市幼儿园玩具配备目录（试行）》，强调加强、丰富幼儿园的玩教具配备，开始根据幼儿发展的差异性配备不同玩教具，对于推进玩教具标准化建设具有里程碑意义。

从1986年至今颁布的玩教具相关文件，对我国幼儿园课程发展具有重要指导意义，同时也反映了我国课程观的历史变迁：从零散到系统标准化、从整体走向个体。在内涵上，玩教具随着信息社会外部环境的变化，其内涵也在不断丰富和发展，玩教具从单一走向智能化。但对我们来说，远不止如此，应更多思考如何将玩教具与幼儿的个体差异性结合起来，发挥玩教具的最大功能，在幼儿"乐玩"中促进其全面综合发展；思考如何根据课程特点配备不同的玩教具，发挥课程的价值，以促进幼儿园教育质量的发展。

> 延伸阅读

风筝

　　风筝由中国春秋时期古代劳动人民发明而来，至今已两千多年。相传墨翟以木头制成木鸟，研制三年而成，是人类最早的风筝起源。后来，鲁班用竹子改进墨翟的风筝材质，进而演进成为今日的多线风筝。到南北朝时，风筝开始成为传递信息的工具。从隋唐开始，由于造纸业的发达，民间开始用纸来裱糊风筝。到了宋代，放风筝成为人们喜爱的户外活动。宋人周密在《武林旧事》写道："清明时节，人们到郊外放风鸢，日暮方归。""鸢"就指风筝。北宋张择端的《清明上河图》、南宋苏汉臣的《百子图》里都有放风筝的生动景象。公元1600年，东方的风筝传到了欧洲。早期的风筝用作军事用途，鲁班曾经乘坐"木鸢"窥探宋国首都。相传垓下之战中，张良用巨大的风筝载人，在天上以竹笛吹奏楚歌，让项羽手下的楚军思念家乡，士气涣散，也就是"四面楚歌"的故事。东汉蔡伦改进造纸术，造出价格低廉又坚韧的纸张，从此有了用竹子和纸扎的风筝。放风筝成了人们喜爱的户外活动，延续至今。风筝不仅成为孩子们喜欢的玩具，也被大人们所喜爱。

第二节　幼儿园玩教具的定义与特点

一、幼儿园玩教具的定义

　　玩教具是幼儿园教师开展活动必备的教学材料，是幼儿通过运用自己的感知觉来探索世界的一把钥匙，德国著名的幼儿教育家福禄贝尔将玩教具称之为"恩物"，玩教具是"确保幼儿在园所获经验的质量以及幼儿园教育质量的基本保障。是否配备充足的玩教具是托幼机构教育质量评价标准的重要构成要素之一"。可见其对促进幼儿身心发展具有重大作用。《指南》指出："幼儿的学习是以直接经验为基础，在游戏和日常生活中进行的……最大限度地支持和满足幼儿通过直接感知、实际操作和亲身体验获取经验的需要。"

　　那么，何为玩教具呢？一般而言，玩具是供儿童玩耍的物品，包括自然材料的玩具，如水、泥巴、沙土、雪、树叶等物品；其二是物质材料的玩具，如纸箱、布、金属、塑料类的物品。在大家的眼中，只要是儿童在游戏当中玩的物品，都归属于玩具，但很多家长没有清晰地了解玩具对幼儿发展的作用，他们通常认为玩具只是哄小孩的把戏，只是让他们安静的"好东西"，认可了玩具，却忽视了玩具当中的可教性，将玩具和教具进行了严格区分。其实，教具是幼儿园教师在开展教育教学活动中有计划、有目的、有组织地为实现教学目标所运用的教学手段。那对教师有何要求呢？幼儿园教师需"合理利用资源，为幼儿提供和制作适合的玩教具和学习材料，引发和支持幼儿的主动活动"。

　　进一步而言，玩教具是指教师在正规教育活动与非正规教育活动中依托的玩具或教具，幼儿在游戏和学习活动中使用的玩具、教具，它是借助一定的物质材料（如纸、布、塑料、木材、金属等），依据一定的设计要求，通过工业化生产或手工制作而完成的，集游戏、娱乐、竞赛、教育功能于一身，促进幼儿身心健康发展的游戏娱乐工具。因此，教师是通过玩教具进行"做中教"，幼儿是通过玩教具主动、自愿并带有愉悦情绪地进行"做中学"。

二、幼儿园玩教具的特点

　　在市场上，我们会看到琳琅满目的玩具，其样式、品种多种多样，以至于对玩教具的本质性特点在视觉上产生了混淆。通常来说，越是司空见惯的物品，我们越容易忽视它的本质特征，又因为其种类多样，所以对玩具、教具及玩教具特点的说法都有其合理性，在辨析其本质特征的过程中，我们需深刻认识他们各自的特点以及细微的差别。

　　一般而言，在市场上以获取利润为主的玩具，是我们通常而言的玩具，这些玩具大多糅合现代科技色彩，常让人眼花缭乱，又因其能顺应大众传媒形象的发展趋势，品种多样，常常能快速吸引幼儿的注意力。基于此，除了能吸引幼儿注意力外，商家巧妙地添加了玩具的教育价值，使之更具卖点。例如，同样是洋娃娃玩具，家长购买的原因可能是小朋友喜欢，玩具的支配权全部在幼儿手中，而在幼儿园里洋娃娃更多的是在游戏中充当角色，是展开游戏所需要的工具。随着新课程改革的推进，自制玩教具因其自身的灵活性与实用性受到了幼儿园教师的青睐。那么，教具有何特点呢？可以说，教具是教师根据教学目标的需要，有目的、有计划、有组织地设计教学的辅助材料，根据幼儿思维发展的特点通过直观材料促进幼儿的认知、社会性、情绪情感等发展，需由教师主导，预设学习目标，启发幼儿探索的学习形式。总的来说，玩具是幼儿主导的材料，教具是教师主导的材料。

　　据此，幼儿园玩教具有以下特点：

（一）教育性与发展适宜性

　　幼儿园的玩教具是教师根据学前教育的全面发展目标以及幼儿现有水平和可达到水平的基础上，针对不同主题所设计的工具。玩教具是开展教育教学的过程中使用的手段，它包含着整个教育目标的理念、教学内容的范畴，可使整个教学活动达到润物细无声的效果。幼儿园教师精心根据每个年龄阶段幼儿身心发展规律，在各类活动区投放丰富且有层次的材料，其效果从精神环境上来看，既可以激发幼儿兴趣，增加探索机会，又可通过直接感知巩固所学教育内容。总的来说，幼儿园玩教具是有目的、有方向、有层次地发展幼儿各方面能力的手段，是具有很强教育性的工具，避免了市场上玩具存在盲目性的缺点。

案例分析

● **案例呈现：**

新来的朋友

幼儿园的区角里新增了一套玩教具，孩子们好奇地围着"新来的朋友"，噢，原来是一套新的跳跳棋，有孩子伸手去摸了摸，有的孩子直接走开了。教师发现孩子们看了一眼跳跳棋后对棋子的兴趣并不高，于是就给孩子们示范了一遍玩法，孩子们好像突然领悟了一样，都把棋子拿到桌面上，和自己的小伙伴开始摆弄起来。佳佳和乐乐是一组，两人开始商量谁当羊谁当老虎，乐乐说："我要当羊"，佳佳听了说："那我就当老虎吃掉你"，边说还边比画出张牙舞爪的动作，其他小朋友看了也学着佳佳的动作。在老师的提醒下，游戏开始了，但很明显孩子们都不怎么会玩，最后，佳佳直接拿起老虎棋开始追乐乐的小羊棋，孩子们纷纷模仿佳佳，场面变得混乱起来。

● **案例分析：**

幼儿之所以喜欢玩具是因为玩教具能满足内心的需要与愿望，从案例中可以看出，幼儿对于玩教具的兴趣是很高的，但是从幼儿的表现中可以看出，他们并不是很会玩这个玩具，只是沉浸在简单的角色模仿之中。很显然，这套玩具并不适合这个年龄阶段的幼儿，缺乏相应的教育性和发展适宜性。

（二）可操作性与可自制性

幼儿园玩教具的投放是为了能够让幼儿在"玩中做""做中学"，教师能在教育教学中"做中教"，使二者在"做"中有优质的互动。首先，玩教具在投放时，需要根据幼儿学习方式的特点让幼儿在操作中进行感知玩教具的作用，让幼儿在探索中体现、发现玩教具自身的魅力，通过反复动手操作潜移默化地将习得的知识迁移到日常生活中，如幼儿在大班开展科学探究活动"变变变"中，通过反复添加不同颜色的颜料放在水瓶里的过程，使得幼儿通过手眼脑的协调并用，对颜色以及颜色变化有了更深刻的认知，从而将枯燥的知识转变为直观经验，最终内化为自己的知识结构。由于不同年龄阶段的幼儿接受程度不一样，教师在设置玩教具的时候不仅需要直观教具，更需要提供供幼儿可直接操作的玩教具，同时"教师应少干预，多观察，能引导幼儿去讨论遇到的问题，让他们自己探索解决办法"，这样能促进幼儿认知、探索精神的发展，在语言的表达与理解上为幼儿提供心理支持。其次，玩教具应是幼儿在日常生活中常见的，具有操作方便的特点，幼儿除了在幼儿园可以进行玩教具的制作外，在日常生活中，也可根据自己的需求利用废旧材料、生活材料以及自然材料进行制作。

□ **案例分析**

● **案例呈现**：

神奇的泡泡

在吹画活动结束后，孩子们正排队去清洗颜料盘和吸管等工具，突然小美惊讶地大喊："泡泡，有泡泡。"其他孩子的注意力一下子就被吸引了过来，一旁的老师走了过来，见此状况灵机一动说："好神奇的泡泡啊，真好看，它是怎么来的呢？"老师话音刚落泡泡就破掉了，孩子们带着疑惑的表情开始讨论起来。小美说："老师，我刚刚洗吸管的时候放了洗手液，揉着揉着就出现了一些小泡泡。"老师露出赞同的表情，说："是的，吹泡泡当然得有能起泡泡的东西，光用水是吹不起来的。"孩子们听后纷纷动起手来，拿来了盆，接了水，放入洗手液，用吸管搅拌了一下，开始吹，孩子们一脸期待，结果却是怎么也吹不起来或是吹到一半泡泡就破了，他们求助于一旁的老师，老师说："看看盆里的水，再想想跟刚刚洗的时候有什么不同？"幼儿 A 说："可能是盆太大了。"于是他去找来了比较小的容器。B 说："可能是洗手液放少了。"C 说："会不会是吸管太小了，所以泡泡才这么小。"说着他去拿来了大的吸管。各种各样的答案都有，根据这些不同的答案在老师的帮助下又改进了一下泡泡液，重复改进几次后，他们终于制出了可以吹出泡泡的泡泡液，而且又多又大，孩子们都露出了满足的笑容。

● **案例分析**：

幼儿园玩教具来源不仅仅可以通过购买成品和半成品，也可以通过教师和幼儿动手制作而成。案例中，吸管是幼儿常会用到的工具，幼儿可以灵活地运用它进行教学活动，幼儿的观察探索能力是非常强的，通过活动中一些微妙的现象可发现问题，好奇心促使他们不断探索，在老师一步一步地引导下，用吸管、水、洗手液、盆等这些幼儿园常见的物品成功制成幼儿可直接操作的泡泡液。

（三）游戏性与启蒙性

《纲要》中指出游戏是幼儿的基本活动。可见任何有目的的教育活动都可以游戏的形式来开展。提到游戏，就需要供幼儿开展游戏的玩教具，如在益智区就需要不同颜色、大小、形状、分类等玩教具，包括七巧板、拼图、走迷宫等玩教具以开发幼儿智力，这就体现了玩教具一定要是可供幼儿玩耍的。此外，教师在制作玩教具的时候除考虑玩教具为幼儿带来的教育性外，不能单纯追求美观，应将简单、操作方便作为制作要求。这样不仅节约了教学成本，又能使幼儿在游戏中获得发展，使幼儿在游戏中自主、自愿、主动、愉悦地展开有效学习。

◻ **案例分析**

● 案例呈现：

玩具分享日

孩子们都从家里带来了自己最喜欢的玩具，有布娃娃、各种各样的汽车，还有各种模型。最引人注目的就是果果带来的一张人物风景拼图了，因为色彩鲜艳，个头也不小，一下子就引起了孩子们的注意。在教师的组织下，孩子们开始拼起图来，刚开始玩，孩子们就把有关联的人物图片拼在一起，剩下的风景图片却让他们皱起眉来，左比右比都觉得不对，急得直挠头，这时一旁的老师提醒他们对着旁边的示意图来拼，旁边的恩恩一下子叫起来："我找到了，这块应该放在这里，你们看，对着旁边的图片就能拼出来了。"最后，孩子们根据示意背景图将拼图完整地拼了出来。

● 案例分析：

玩教具的使用应具有游戏性与启蒙性，案例中孩子们对拼图进行探究，大部分幼儿在已经掌握拼图的基本方法上，对难度较大的拼图进行观察与尝试，最终通过示意图得到启发，完成了拼图。

（四）形象性与潜在性

《指南》中指出幼儿的学习是以直接经验为基础的，幼儿园的玩教具可以让幼儿通过直接感知来探索周围事物的本质特征。如教师在科学领域开展中班的数学认知教学活动时，教师会通过具体的玩教具让幼儿通过触觉等皮肤觉感知事物，可以用形状来描述，同时也可知道生活中很多事物可以用数字来表达，增强幼儿对环境中各种数字含义探究的兴趣，积极关注生活中与自己密切相关的数字信息，感受不同数字所代表的意义。生动形象的玩教具会吸引幼儿的注意力，因此，设计玩教具时除了应注意玩教具的新颖性、独创性外，应尽可能挖掘其所具有的教育潜质，促进幼儿潜力的发展。

◻ **案例分析**

● 案例呈现：

小班数学活动：我会认数字

老师：今天我们来认识几个新的数字朋友！

幼儿：好。

老师：（拿出数字卡片）瞧！仔细观察这些数字哦，看它们长得像什么？

幼儿A：第一个像我们的铅笔。

幼儿B：有一个像花生，有一个像我们的耳朵。

……

老师：（拿出准备好的图片）其实数字朋友和我们生活中的很多东西是很相似的，你们说的也很准确。下面我们一起来看一看这些数字长得像什么吧。

老师：1像铅笔直又长，2像鸭子水中央，3像耳朵听声音，4像红旗飘啊飘……

通过观看图片与听歌谣，孩子们很快就记住了新学的数字。

● **案例分析：**

幼儿在初识数字时是很陌生无趣的，这就要求教师在教学活动中采用幼儿感兴趣的事物教学，教师从幼儿生活中可以直接感知到的事物入手，通过图片与歌谣，不仅让数字变得生动形象又有趣，也成功提高了数字对幼儿的吸引力，让原本枯燥无味的数字一下子变得形象具体，不仅有利于幼儿记忆，也提高了幼儿对数字的兴趣。

第三节　幼儿园玩教具的分类与价值

一、幼儿园玩教具的分类

幼儿园玩教具是教师开展教学活动的辅助工具，是幼儿游戏组成的重要构成部分。玩教具根据制作主体、功能、材料、结构化程度、课程领域的不同可划分为不同的玩教具，为突出玩教具在幼儿园的实用性与玩教具的教育性功能，这里从幼儿学习方式的特点出发，对玩教具进行分类。

（一）依据玩教具对幼儿身心发展的功能来划分

幼儿园的目标是促进幼儿德智体美全面发展，为帮助幼儿在各领域获得有益经验，每个活动区都会有针对性地根据活动目标运用玩教具来辅助教学，具体包括发展幼儿科学探究和数学认知的科学类玩教具，发展幼儿智力与开发智慧的益智类玩教具，发展幼儿空间思维、想象和动手能力的建构类玩教具，发展幼儿大动作和精细动作的运动类玩教具，发展幼儿美感的艺术类玩教具，以及为促进幼儿全面发展的幼儿综合类玩教具。这也是本书在第二章至第七章实践层面主要探讨的玩教具分类。

（二）依据玩教具对五大领域的作用来划分

幼儿的身心发展需要教师有针对性地分领域开展，各领域教育活动在实施过程中也会运用到不同的玩教具，具体包括健康领域玩教具、语言领域玩教具、社会领域玩教具、科学领域玩教具及艺术领域玩教具。

（三）依据玩教具制作材料来源划分

玩教具的使用离不开玩教具的制作，制作玩教具的创意往往来自节庆活动、传统习俗、民间游戏等本土文化资源。幼儿园教师可根据环境创设的方便性原则，就地取材，包含两个层面的含义：其一是教师根据教育活动目标利用生活中常见的材料自制玩教具；其二是根据教育活动目标，教师、幼儿与家长利用生活中的常见材料共同制作玩教具。这里生活中常见玩教具自制材料包括废旧材料（纸类、布艺类等）、生活材料（塑料瓶、金属类等）、自然材料（贝壳类、石子类、植物类等）。

二、幼儿园玩教具的价值

《纲要》及《指南》中明确要求幼儿园活动的开展以游戏为基本活动。游戏的开展离不开玩教具的使用，幼儿园玩教具在幼儿园的环境创设中扮演着不可缺少的重要角色。那么，幼儿园中的玩教具对幼儿的身心发展具有哪些作用呢？在幼儿园五大领域当中是如何促进幼儿身体、认知、情绪情感、社会性、个性及良好品质发展的呢？本小节内容将一一进行阐述。

（一）可增强幼儿身体健康与动作发展

首先在室内外的玩教具中，可以促进幼儿的生长发育，如球类玩教具在体育活动中可以促进身高和体育的发展及微量元素的吸收等；其次在艺术领域中动手画画等可以发挥幼儿的小肌肉动作，如画、剪、折等；再次，可以促进幼儿的大肌肉动作，如走、跑、跳、投掷、攀登等；最后，还可以增强幼儿的安全意识与自我保护能力。

□ **延伸阅读**

布条变变变

布条在幼儿园能做些什么？

在美工区可以用来作画，可以用来编织；

在活动区可以用来进行跨跳，两名幼儿拉直，幼儿双脚离地跨跳过去，练习跨跳能力；用来跳房子，幼儿排队从布条一端单脚或双脚跳到另一端，锻炼幼儿跳跃能力、反应能力；

两名幼儿拉住布条两端，中间放易抛起物品，锻炼幼儿投掷能力；

将布条系成一个圈，两名幼儿在圈内往反方向走，比比谁的力量大。

（二）可促进幼儿认知发展

幼儿认知能力包括感知能力（空间知觉、时间知觉、形状知觉、观察力等）、思维能力（分类、想象、推理、守恒、数概念等）、知识经验（季节、动物、植物、社会角色、音乐、美术等）等。幼儿在不同玩教具类型的操作中发展着不同的认知能力。

□ 延伸阅读

教学案例：《我有一双小小手》

我有一双小小手，一只左来一只右，吃饭穿衣都靠它，它是我们的好朋友。
教师：（举一举）请举起你们的左手，请举起你们的右手。
（拉一拉）请用你们的左手拉一拉左耳，右手拉一拉右耳。
（拍一拍）请用你们的左手拍一拍左腿，右手拍一拍右腿。
让幼儿通过以自己的身体为中心，对左右方向有初步的感知，发展幼儿空间方位知觉和判断力。

（三）可促进幼儿社会性与情绪情感发展

玩教具作为幼儿与他人交流的重要媒介，对幼儿的社会性发展和情绪情感发展具有重要作用。首先，可以促进幼儿语言能力的发展，在玩弄玩教具的过程中，幼儿会不断地与他人进行交流，会在无形中增加幼儿的词汇数量，同时，增加幼儿对语言的理解能力；其次，增强幼儿的口头语言能力，包括故事的逻辑性、完整性地表达；最后，在语言交流的过程中，幼儿能体验玩教具和人际交往带来的积极情绪，增强幼儿的自我意识和发展幼儿高级情感。

□ 延伸阅读

教学案例：《护蛋行动》

母亲节前夕，老师们组织了一次有趣的"护蛋行动"，把煮熟的鸡蛋用一张网装起来系在幼儿身上，让幼儿把鸡蛋当成自己的孩子来保护，幼儿从来园到离园都不能取下来，并且要保护好鸡蛋不能受损，在此过程中幼儿可以相互帮助，相互提供办法。通过简单的一张网，一个鸡蛋，幼儿学会了思考，学会了与同伴交流合作，感受到了妈妈的艰辛，学会感恩，也让亲子关系变得更加亲密。

（四）可促进幼儿学习品质的发展

学习品质是指儿童自己以多种方式进行学习的倾向、态度、习惯、风格等内容，包括学习求知欲、好奇心、主动性、坚持性、冒险精神等。当幼儿碰上自己乐玩的玩教具时，便会高度集中注意力投入当前的游戏中，主动去探索玩教具的内在构造和用途。教师在评价幼儿发展的时候应从"观察孩子的操作结果"到"观察孩子的操作过程"，从细节发现幼儿的点滴进步，并及时对幼儿的进步进行反馈。

□ 延伸阅读

我是创编小能手

老师准备大小、长短不一的彩色绳子，各种形状的圈，或是可自由弯曲的铝圈供幼儿使用，运用彩绳结合编织、打结、穿和插等方式进行自由创作，教师教会幼儿技巧，让幼儿学会运用多种方式创编，幼儿可充分发挥想象力、不断探索，手脑结合完成创编。

第四节　幼儿园玩教具设计与制作的基本要求与原则

一、幼儿园玩教具设计与制作的基本要求

自制玩教具是幼儿园教师需具备的一项专业能力。在设计玩教具之前，教师需明确清楚设计意图、明确玩教具的功能与特点，要选择幼儿易操作、安全性的材料，以便发挥玩教具的教育价值。

（一）设计与制作意图要明确

幼儿园各种类型的玩教具的使用都离不开教师的设计与制作，进一步而言，幼儿园自制玩教具是辅助教学的手段，它的出现是根据教师的教学目标、教学任务、教学活动及幼儿身心发展的需求，对自然材料、废旧材料、生活材料进行重组制作的产物。相对于工业流水线产品来说，教师自制玩教具更具情感性与感染性，教师可随时根据活动目标、幼儿经验来调整玩教具的数量、样式，使之与教学目标达到最优匹配的效果。那么教师就需要明确玩教具制作的目的是为何，用途是为何，如何吸引幼儿注意力等，只有具备清晰的目的，才会让幼儿在活动过程中有层次地获取知识经验。例如，在小班"滚小猪"的玩教具制作中，可利用废弃的圆柱体物体，加上一个推手，通过圆柱体向施压方向滚动的现象，明确其目的就是让幼儿感知物体滚动的特性，让幼儿学会向前推和向后拉，发展平衡协调能力。

（二）材料选择要注重安全性和循环性

幼儿园教师在明确玩教具设计意图与目的后，就需要考虑玩教具材料的选择了。玩教具材料的选择第一要义是安全，即要考虑自制玩教具要符合国家相关标准。教师要对玩教具进行定时清理，定时更换，确保幼儿在使用时不会有负面影响。除此之外，由于幼儿园每月每周都有活动主题，教师需根据自身活动需求设计玩教具，加上幼儿注意力比较短暂，喜欢新鲜有趣的事物，这就需要教师花费更多的时间与精力，因此，教师应从生活事物出发，循环使用，发挥玩教具的层次性、丰富性和耐用性，将玩教具的价值发挥到最大。例如，利用生活中可二次循

环利用的废旧物品来制作玩教具。生活中的物品，如一次性纸杯、塑料瓶、瓜果皮、布料、纸壳等，自然界中的木头、树叶、泥沙、石头、贝壳等，这些都是可循环利用的物品，并且都具有较高的安全性。

（三）制作过程要发挥幼儿的主体性

玩教具是根据幼儿思维发展的特点进行制作的，教师在制作时应更多考虑幼儿的参与性与主体性，因为玩教具的出现是为了促进幼儿的身心发展，它并不是教师为了达成教学任务的摆设。教师在制作玩教具时应考虑：材料的收集可否请幼儿参与，制作过程中的某些环节可否请幼儿直接参与。幼儿直接参与制作的玩教具会让幼儿有成就感、满足感，也更加促进幼儿的探索欲望。例如，在制作"种子画"的时候，可从构思开始就让幼儿一起参与，收集选择材料、选择使用工具、画作布局等应在教师的引导下由幼儿独立或合作完成。

二、幼儿园玩教具设计与制作的基本原则

玩教具是幼儿获取直接经验的主要途径，对幼儿来说，玩教具是一日生活的必需品。刘焱等人通过研究国内外幼儿园装备规范的比较研究发现，"以人为本、安全性、舒适性、全纳性、文化多样性、美观性和耐用性"是制定幼儿园装备标准的基本理念和原则。玩教具在幼儿园的有效运用对幼儿来说会促进幼儿最近发展区的发展、激发幼儿的求知欲、培养幼儿的学习兴趣，无形中发展幼儿的认知、社会性，培养幼儿良好的个性与学习品质。对教师来说，玩教具会帮助教师实现教学目标，在教学活动中形成有效的师幼互动。

（一）发展适宜性与教育思想性原则

陈鹤琴先生曾有过关于玩具与年龄的关系研究，他认为："幼儿时所好的，未必为青年所喜；老年之所爱，未必是儿童之所好。"自制玩教具应根据不同年龄设计不同阶段的玩教具，符合幼儿的审美和动手能力，符合《指南》和《纲要》对幼儿发展的要求，教师在设计的时候应考虑到幼儿现有发展水平和已有经验的积累，除了要符合幼儿身心发展外，作为辅助教学的玩教具应具有教育思想性，自制玩教具应有助于幼儿认识周围事物，掌握正确的科学知识和生活常识，发展幼儿的思维、想象力和创造力。例如，小班益智区玩教具"手指套环"的制作：一个旧鞋盒盖子，贴上两个手掌，配备指环若干个，可用手指的顺序进行套环，也可在手指上标明数字进行套环。游戏简单有趣，符合小班幼儿发展水平，在玩中培养了孩子对数的认知，感受数字的乐趣。

（二）科学性与趣味性原则

利用生活材料、废旧材料及自然材料自制的玩教具，可以促进幼儿游戏的生活化，提高幼儿对自制玩教具的使用率，这就要求教师在制作时要考虑玩教具使用的科学性，要将玩教具与相关课程进行最紧密的联系，要科学安排玩教具，与五大领域课程特点相契合，适应幼儿身心

发展的特点。此外，为让幼儿保持对玩教具更多的投入度，教师设计自制玩教具时应增添幼儿喜爱的形象及可操作的部分，外形颜色要丰富，构造要新颖，这样可以最大效度地发挥自制玩教具的价值，使得幼儿爱玩、喜玩、乐玩。例如，积木是幼儿园最常见的玩具，积木结构游戏不仅可以丰富幼儿知识，发展幼儿语言能力，加深幼儿对几何图形和空间关系的认识，以及对平衡、重心的初步认识，同时也丰富了幼儿想象力、创造力。

（三）可操作性与参与性原则

利用生活材料、废旧材料及自然材料自制的玩教具，应以简单方便、可操作性强为主。玩教具的价值主要体现在幼儿身上，过于注重外形的玩教具一般实用性不强，教师在制作上也需花费更多时间，所以，尽量避免玩教具成品的复杂性，把更多时间花在考虑如何让幼儿动手，如何让幼儿更乐意参与制作的过程中来。幼儿思维发展主要是直观形象思维，依靠直观形象物体来获取经验，教师在设计玩教具的功能时，应以半成品为主，尽可能让幼儿参与到玩教具制作过程中，让幼儿在动手中获取更为直观的知识经验。例如，大班数学"认识年月日"的教学仅靠老师讲对幼儿来说太抽象，记忆效果也不好，这时制作玩教具就显得有效很多，让幼儿在制作玩教具的过程中加深记忆，利用玩教具进行教学，用形状一样、大小不一的玩教具代表大小月份，并在上面贴上每月的日历，一年有几个月，一月有多少天就一目了然。让幼儿直接参与操作，从直观形象物体进行抽象的时间学习，可促进幼儿思维水平的发展。

（四）游戏性与潜在性原则

玩教具的存在可以说是为了幼儿而产生，幼儿是以游戏为基本活动的，可以说游戏与玩教具的关系密不可分，游戏的开展以玩教具为基础，玩教具又以游戏的形式来使用。除了要关注玩教具的可玩性以外，教师还应考虑玩教具为幼儿身心发展带来的潜在性，每次玩教具的设计要与幼儿现有发展水平相适应，尽可能地在每次活动中用玩教具促进幼儿最近发展区的发展。例如，中班体育游戏"小青蛙捉害虫"中在绿色的荷叶上贴上脚印，采用游戏的形式让幼儿反复地练习跳跃动作，看看谁捉害虫又多又快。游戏过程中不仅促进了幼儿的动作发展，也让幼儿明白了青蛙是对人类有益的动物。

（五）安全性与经济性原则

安全性是幼儿园开展所有活动的保障。幼儿年龄小，缺少生活知识经验，对于物品是否有细菌、是否有害都没有清晰的概念。因此，玩教具的设计应绝对是无毒无害的，不以玻璃易碎品为主，应选用便于日常消毒与清洗的材料，一般常选用如贝壳、石子、木头、树叶等自然材料，以及纸质类、金属类生活材料等。这样的玩教具不仅能保证幼儿在使用玩教具时的安全性，还可以大大地节约成本，又巧妙地增强了玩教具生活化的特点。例如，秋天我们可以利用满地的落叶来制作树叶拼画，树叶是纯天然的，不仅不会对幼儿造成伤害，而且让幼儿更接近大自然，既节约了很多材料，又让落叶变得有价值，作品也变得新颖独特。

第五节　幼儿园玩教具设计与制作的基本步骤与方法

一、幼儿园玩教具设计与制作的基本步骤

幼儿园玩教具离不开"自制",自制玩教具是教师贴近幼儿生活而选材、立意最后制作而成的物品。因为其制作成本低、符合幼儿身心发展特点、富有创意而广受幼儿欢迎。如何设计与制作玩教具已成为考核幼儿园教师教学能力的重要构成部分。幼儿园玩教具制作不受限于材料的选择,只要所选择的材料是无毒无害的,均可成为制作材料的选择对象,一般来说,玩教具制作材料来源于生活材料、废旧材料以及自然材料。不同领域就会运用到不同类型的玩教具,下面对玩教具设计与制作的基本步骤进行阐述。

（一）设计立意

玩教具设计的初衷是为了促进幼儿的身心发展,只有确定了制作立意,才会更加明确玩教具制作的意义,可以说制作立意是自制玩教具产生的原因,是整个教育教学活动开展的支柱。例如,教师根据《指南》和《纲要》准备在中班开展科学领域的活动,想带领幼儿初步了解摩擦起电的科学现象。那么,在这个活动中"了解摩擦起电的科学现象",培养幼儿科学探索的精神和求知欲就成了教师设计与制作玩教具的立意,教师就需要根据初步的设计意图,开始构想整个教学活动环节了。

（二）明确制作目标

三维目标的确立是开展教学活动必不可少的关键一环,只有确立好了活动目标,玩教具才能与活动准备、活动过程及活动延伸环环相扣,否则教学活动就是杂乱无序的,幼儿在活动中自顾自地"乱玩"。例如,在中班科学领域"打击乐"活动中,教师需明确玩教具的功能是为了让幼儿知道不同材质的物体经过碰撞会发出不同的声音,幼儿能根据不同的碰撞声音找到被打击的物品,同时,也能将该知识迁移到生活当中去,了解不同物体经过碰撞能产生不同的声音。

（三）选材

当教师确定了活动主题和活动目标后,就需要进行材料准备了,接着上面的"了解摩擦起电的科学现象"的例子,教师在选择材料时,既要考虑幼儿现有知识经验和发展水平,还需考虑制作成本,所以上述中班科学活动可以选择塑料绳、塑料杯（瓶）、纽扣、毛皮、塑料棒等日常生活中幼儿常见的物品作为材料,以便于在活动中吸引幼儿兴趣和发展幼儿的学习品质。

（四）制作

确定了玩教具的制作立意、制作目标和选材后,便开始玩教具成品的核心部分——"制作"。

在设计与制作的过程中，教师并非简单地完成，而是要充分考虑玩教具的趣味性、玩法多样性和幼儿的参与性。例如，在中班科学领域"打击乐"活动中，教师可以设计一个装下不同大小器皿的盒子，将日常生活中发声差异较大和较小的物体放进盒子里，让幼儿以不同的游戏方式辨别不同器皿的声音。

（五）润色

幼儿天生就喜欢美的事物，当玩教具成品开始初具模型时，我们需要在其外形上增添色彩，装饰点缀，吸引幼儿的注意力，让原成品更具感染力和形象性。通常来说，可通过涂绘、粘贴等手法对玩教具进行美化，这样不仅可以发挥自制玩教具的使用价值，还可培养幼儿的审美能力。

二、幼儿园玩教具设计与制作的基本方法

教师掌握了玩教具制作的基本步骤后，紧接着要对玩教具制作方法进行深入探究，玩教具制作方法可以说是千变万化的，一个部分改变了，整个物体的形状和功能有可能会相应发生改变，通常来说玩教具制作方法有以下几种：

（一）原型利用，探索多玩法

由于幼儿生活经验较少，无法达到成人丰富的生活经验水平，幼儿还处在探索周围世界、积累知识经验的阶段，所以教师在制作玩教具时，应提供幼儿在日常生活中常见的低结构玩教具，根据原材料的外形特点运用想象来设计玩教具。例如，在小班开展认识五官的活动中，教师和幼儿可搜集生活材料中的易拉罐，将其外包装整理干净后，根据活动目标涂画小动物的眼睛、嘴巴、鼻子、眉毛，并贴上耳朵。虽然低结构的材料较为简单，但这种方法不仅成本低廉，制作简单，还能提高幼儿的参与率，调动幼儿的积极性，具有很强的参与性和互动性。教师可随着幼儿经验的积累，增加玩教具的使用方法，如采用同类组合法、分解组合法、混搭组合法设计与制作玩教具，以提高玩教具的使用率。

（二）就地取材，提高综合利用率

当今我们都在提倡本土文化，一方面，玩教具的设计与制作应与本地特有文化相结合，强调园本课程，从小培养幼儿爱祖国、爱家长的情感。幼儿园可根据地方特有文化和季节变化，利用身边废旧材料和自然材料进行玩教具的加工设计，这不仅能满足幼儿的心理情感需求，还能节约成品，大大节省幼儿园的成本和制作时间，除此之外，幼儿从小被本土文化熏陶，又能间接传承本地玩教具文化和本地特有文化。另一方面，这也与我们国家一直提倡的科学发展观相一致，废旧材料通过教师和幼儿的设计与制作，变废为宝，变旧为新，这也在从小培养幼儿的节约和环保意识。

（三）师幼共制，实现双主体性

玩教具的制作并不是教师应付工作任务，而是教师经过精心构思为促进幼儿全面发展而设

计的教学环节。玩教具的价值主要体现在教师的引导和幼儿的主动参与两个方面，其是双向的活动。当前很多幼儿园存在教师包办代替的现象，幼儿成了玩教具的使用者，而非制作者与参与者，使得幼儿在游戏当中没有实现游戏角色与游戏工具的一致性。这就需要教师意识到，幼儿是游戏的主体，也是游戏工具的拥有者；增强教师自身与幼儿两者之间的双主体性，在制作玩教具的过程中让幼儿有机会将自己的想法倾露于玩教具的作品中，无形中可增强幼儿对教师的信任感，培养自己的成就感和获得感，从而让幼儿得到心理上的情感满足。

（四）主材加辅材，体现系列化

幼儿园玩教具的设计与制作，可用的材料是非常多的，且每一种材料都有其不同的特性，应充分了解不同材料的特性，适材适用，挖掘每一种材料的无限可能性，实现主要材料和辅助材料的叠加。以幼儿为主体，服务于课程，进行一种主要材料的系列化设计与制作，可按照儿童的年龄进行系列化设计，也可以只按照玩教具主题内容进行系列化设计，还可以按照玩教具外观进行系列化设计，如进行竹系列、稻草系列、皮筋系列玩教具的制作等，有效地实现了一物多玩和一物多用。

第六节　幼儿园玩教具的配备

关于幼儿园玩教具的配备，可以从上述国家层面颁布的相关配备文件和省市颁发的地方性配备要求中找到重要依据。因此，本节主要从玩教具对幼儿身心发展的功能分类角度进行探讨，从科学类、益智类、建构类、运动类、艺术类、综合类六大类来分析幼儿园玩教具的配备。

一、科学类玩教具的配备分析

（一）科学类玩教具概述

科学类玩教具是帮助幼儿探究具体事物规律和解决实际问题的，反映一定科学原理的玩教具。科学的核心在于探究，科学探究既是学习的方法，也是学习的内容。幼儿通过直接感知、亲身体验和实际操作，与科学类玩教具产生互动，从而激发探究兴趣、体验探究过程、发展初步的探究能力，包括观察实验能力、科学思维能力、表达交流能力、设计制作能力等。一个好的科学类玩教具，不仅能让幼儿观察到有关现象，而且能激励幼儿探索其中的因果关系。

（二）科学类玩教具的分类

幼儿园科学教育内容主要包括自然生态环境、自然科学现象、科学技术和人体科学。自然科学现象和科学技术中蕴含着丰富的基本原理和定律，例如力学定律，声、光、电、磁、热的基本原理与化学现象等。幼儿对自然生态环境、人体科学的探究主要通过材料和工具的探究来实现。幼儿科学玩教具根据其功能主要分为科学探究玩教具、探究材料和探究工具三类。

1. 科学探究玩教具

科学探究玩教具针对特定的科学现象，主要用于帮助幼儿探索与物理、化学等科学有关的现象。依据玩教具蕴含科学现象的不同内容，科学探究玩教具主要可分为力玩教具、声玩教具、光玩教具、电玩教具、磁玩教具、化学现象玩教具等类型。

（1）力玩教具见图1-1和图1-2所示。

图1-1 幼儿自制天平 　　　　　　　　图1-2 反冲小车

□ 知识链接

适合幼儿探究的物理科学活动应满足的条件

普莱瑞（2009）总结出适合幼儿探究的物理科学活动，应满足的四个条件如下：
A. 幼儿可通过动作进行移动；
B. 幼儿能通过改变动作来影响结果；
C. 幼儿能观察物体的运动；
D. 幼儿能马上体验到结果。
按照这些条件，力玩教具是最适合幼儿进行探究的。

（2）声玩教具见图1-3和图1-4所示。

图1-3 八音盒 　　　　　　　　图1-4 传声筒

（3）光玩教具见图1-5和图1-6所示。

图1-5 三棱镜 　　　　　　　图1-6 万花筒

（4）电玩教具见图1-7和图1-8所示。

图1-7 手摇发电机 　　　　　　图1-8 电力机车

（5）磁玩教具见图1-9和图1-10所示。

图1-9 磁力钓鱼机 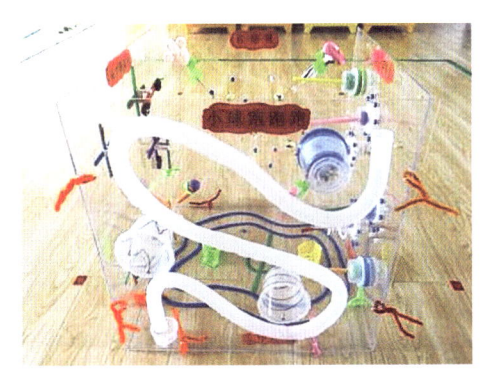　　　　　　图1-10 磁力乐园

（6）化学现象玩教具见图 1-11 和图 1-12 所示。

图 1-11 碘酒变色

图 1-12 面粉发酵

2. 探究工具见图 1-13 至图 1-16 所示。

图 1-13 地球仪

图 1-14 指南针

图 1-15 放大镜

图 1-16 漏斗

3. 探究材料见图 1-17 至图 1-22 所示。

图 1-17 活体植物

图 1-18 矿石、贝壳

图 1-19 小球

图 1-20 纸板

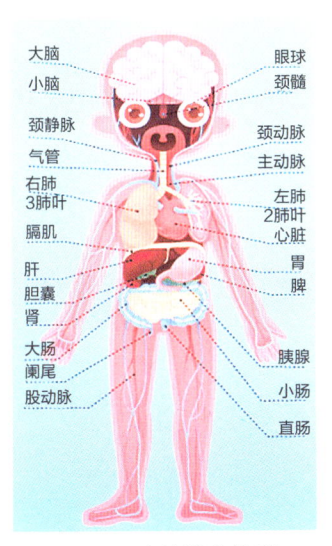

图 1-21 人体器官模型

图 1-22 五谷贴画

（三）科学类玩教具的配备

以《北京市幼儿园玩具配备目录（试行）》（2010）和《上海市学前教育机构装备规范（试行）》（2006）的有关内容为参考，以下我们将主要从玩教具的品种和数量两个部分来描述幼儿园科学类玩教具的配备要求。（表1-1、表1-2）

表1-1 《北京市幼儿园玩具配备目录（试行）》（2010）中科学类玩教具的配备明细

年龄班	名 称	种 类	数 量
小班	科学类玩具	声、光、力、空气、水	★各2~3件/类班均
	科学类工具	信息类、操作类	★2~4件/类班均
	科学类材料	自然物、探究物、模型	★2~4件/类班均
中班	科学类玩具	声、光、电、力、水、磁、空气、机械	2~3件/类班均
	科学类工具	信息类、操作类	★3~6件/类班均
	科学类材料	自然物、探究物、模型	★3~6件/类班均
大班	科学类玩具	声、光、电、力、磁、机械、环境	★3~4件/类班均
	科学类工具	信息类、操作类	★4~8种/类班均
	科学类材料	自然物、探究物、模型	★4~8种/类班均

注：表格中的"★"表示可选择；各种类的规格要求略。

表1-2 《上海市学前教育机构装备规范（试行）》（2006）中科学类玩教具的配备明细

名 称	种 类	数 量
科学探索玩具	配备满足儿童的探索兴趣、发展动手能力和获得声、光、电、磁等自然现象等知识的科学玩具和科学操作材料。科学操作材料中不得使用易碎材料。	以中、大班配备为主。科学玩具和科学操作材料总量按生均四比一配备。

二、益智类玩教具的配备分析

（一）益智类玩教具概述

无论在家中还是幼儿园，益智类玩教具都是很受幼儿欢迎的一类玩教具。这类玩教具巧妙地把发展智力的任务用于游戏中，使儿童在玩中发展智力。它既可以丰富幼儿的知识，又可以发展幼儿的感知觉和语言计算的能力，还能够培养幼儿的兴趣、好奇心和注意力，使幼儿形成爱动脑筋、喜欢动手的好习惯。常见的智力玩具有很多，如棋牌类游戏、七巧板、魔方、锁套玩教具、套叠玩教具、九连环玩教具等。

（二）益智类玩教具的分类

适于幼儿园配备的益智类玩教具按照大体的形式可分为以下六类：镶嵌玩教具、套叠玩教具、穿编玩教具、观察推理玩教具、数形玩教具、棋牌玩教具。

1. 镶嵌玩教具见图 1-23 和图 1-24 所示。

图 1-23 雪花片镶板 　　　　　图 1-24 彩色立体嵌块

2. 套叠玩教具见图 1-25 和图 1-26 所示。

图 1-25 套塔 　　　　　图 1-26 套娃

3. 穿编玩教具见图 1-27 至图 1-30 所示。

图 1-27 竹编织物 　　　　　图 1-28 纽扣编织物

图 1-29 串珠

图 1-30 布编织物

4. 观察推理玩教具见图 1-31 和图 1-32 所示。

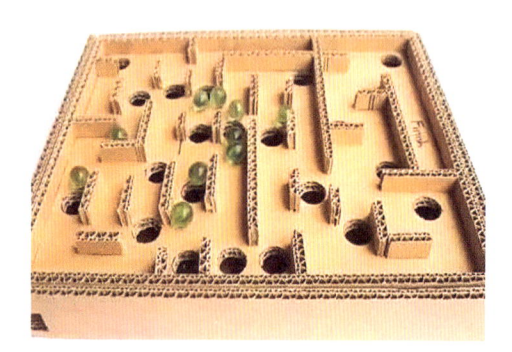

图 1-31 走迷宫

图 1-32 找相同与不同

5. 数形玩教具见图 1-33 和图 1-34 所示。

图 1-33 数构成玩具

图 1-34 小动物住几层

6. 棋牌玩教具见图1-35至图1-42所示。

图1-35 交通规则棋

图1-36 跳棋

图1-37 飞行棋

图1-38 四子棋

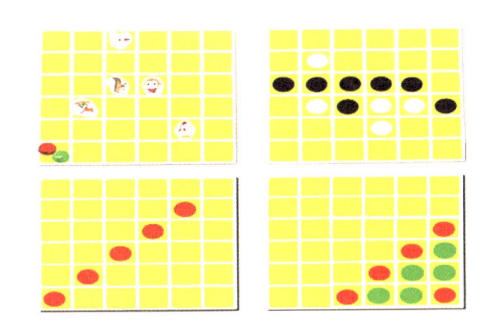

图1-39 五子棋

图1-40 斗兽棋

图1-41 扑克真有趣

图1-42 数字接龙

(三)益智类玩教具的配备

以《北京市幼儿园玩具配备目录(试行)》(2010)和《上海市学前教育机构装备规范(试行)》(2006)的有关内容为参考,以下我们将主要从玩教具的品种和数量两个部分来描述幼儿园益智类玩教具的配备要求。(表1-3、表1-4)

表1-3 《北京市幼儿园玩具配备目录(试行)》(2010)中益智类玩教具的配备明细

年龄班	名 称	种 类	数 量
小班	棋牌玩具	纸、木质牌、游戏棋	★各2套/类班均
	镶嵌玩具	平面镶嵌、立体镶嵌、拼图	★各2套/类班均
	套叠玩具	套叠	★各2套/类班均
	穿编玩具	串珠、夹、穿线	★各2套/类班均
	搭配玩具	分类、关联	★各1~2套/班
中班	棋牌玩具	纸、木质牌、游戏棋	★各1~2套/类班均
	镶嵌玩具	平面镶嵌、立体镶嵌、拼图	★各1~3套/类班均
	套叠玩具	衔接、重叠	★各1~2套/类班均
	穿编玩具	串珠、线板	★各1~2套/类班均
	搭配玩具	关联、分类	各2~3套/班
大班	棋牌玩具	牌、游戏棋	★2~3套/类班均
	镶嵌玩具	平面镶嵌、立体镶嵌、拼图	各1套/类班均
	套叠玩具	衔接、重叠	各1套/班
	穿编玩具	串珠、线板	各1~2套/类班均
	搭配玩具	关联、因果、分类	各2套/班

注:表格中的"★"表示可选择;各种类的规格要求略。

表1-4 《上海市学前教育机构装备规范(试行)》(2006)中益智类玩教具的配备明细

名 称	种 类	数 量
益智玩具	配备用于发展儿童感知觉,发展观察、记忆、想象以及发展比较、分类、配对、排序、判断、推理等思维能力的智力玩具。配备用于形成儿童数、形概念的数形玩具、测量玩具等。	配备不少于4~6种的智力玩具,配备不少于3种的数形玩具和测量玩具。智力玩具、数形玩具等数量上均应满足每一年龄段15名儿童同时开展活动的需要。中大班每班应配备不同的棋类玩具8~10副。

三、建构类玩教具的配备分析

（一）建构类玩教具概述

建构类玩教具是指让幼儿进行构造、装拆、建筑、拼搭各种物体时，所使用的各种构件。常见的建构类玩教具有积木、积塑等。幼儿可以随着自己的想象制造出各种各样的模型，可以极大地发挥其想象力。通常，各年龄段幼儿对于玩教具的建构水平也不同，年龄较大的幼儿可以建构出许多具体的模型，如手枪、小狗、大象、火车、城堡等；年龄较小的幼儿只会对材料进行简单的积累，并不会摆出具体的模型。

（二）建构类玩教具的分类

幼儿园配备的建构类玩教具主要可分为以下三类：积木、插装类玩教具、混合建构类玩教具。

1. 积木见图 1-43 至图 1-50 所示。

图 1-43 单元积木　　　　　　　　图 1-44 单元积木

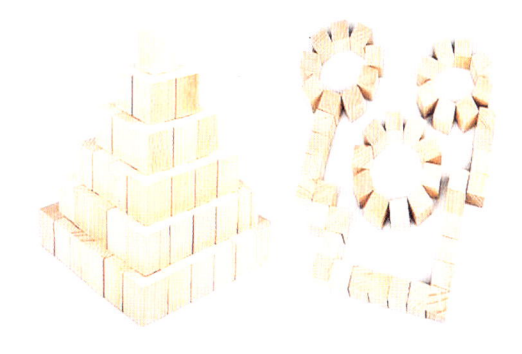

图 1-45 动物主题积木　　　　　　图 1-46 森林主题积木

图 1-47 空心积木

图 1-48 空心积木

图 1-49 趣味八音盒图

图 1-50 七彩砖

2. 插装类玩教具见图 1-52 至图 1-54 所示。

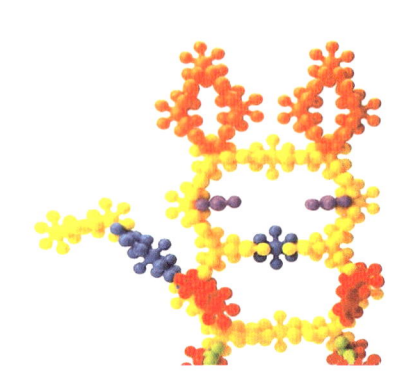

图 1-52 块状插接玩具

图 1-53 管状积木

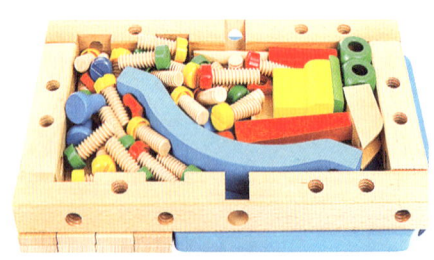

图 1-54 螺丝连接玩具

3. 混合建构类玩教具见图1-55和图1-56所示。

图1-55 沙堡　　　　　　　　　　图1-56 雪人

（三）建构类玩教具的配备

以《北京市幼儿园玩具配备目录（试行）》（2010）和《上海市学前教育机构装备规范（试行）》（2006）的有关内容为参考，以下我们将主要从玩教具的品种和数量两个方面来描述幼儿园建构类玩教具的配备要求。（表1-5、表1-6）

表1-5《北京市幼儿园玩教具配备目录（试行）》（2010）中建构类玩教具的配备明细

年龄班	名　称	种　类	数　量
小班	搭建积木	地面软体积木、地面空心积木	★1套/类班均
		地面实心积木	1套/班
		桌面硬体积木	★1~2套/班均
	插装玩具	插接类、链接类、扣接类、组装类	各1套/班
中班	搭建积木	地面空心积木、地面实心积木	1套/班
		桌面硬体积木	★1~2套/班
	插装玩具	嵌接类、插接类、链接类、扣接类、磁接类、组装类	1套以上/类班均
大班	搭建积木	地面实心积木	1套/班
		桌面硬体积木	★1~2套/班
	插装玩具	嵌接类、插接类、链接类、扣接类、磁接类、组装类	各1套以上/班

注：表格中的"★"表示可选择；各种类的规格要求略。

表 1-6 《上海市学前教育机构装备规范（试行）》（2006）中建构类玩教具的配备明细

名　称	种　类	数　量
建构玩具	配备排列组合类、插接结构类、螺旋结构类、穿线编织类各种平面造型和立体造型的结构系列玩具。木制几何形积木是主要的结构玩具。	配备不少于4种的结构材料。其中木制几何形积木为必备。配备数量应与活动室和专用室的大小相适宜。活动室中以区域活动的要求配置。数量上应能满足每班6名儿童同时开展活动的需要。

四、运动类玩教具的配备分析

（一）运动类玩教具概述

幼儿喜爱运动，更是借助各类玩教具进行运动。在攀爬、滑行及旋转和跳跃中，幼儿不仅锻炼了自己的骨骼和肌肉，发现了自己运动能力和身体的局限性，而且通过运动丰富了幼儿对周围世界的了解，有了更多表达自己情绪情感的途径。幼儿最先发展的是大肌肉动作，然后才逐渐掌握精细动作。在幼儿园里，以促进幼儿的身体活动与动作技能学习为主要特征的玩教具，称之为运动类玩教具。

（二）运动类玩教具的分类

由于运动类玩教具在外形特征、使用功能和使用场地等方面存在着明显差异，所以可进一步将其划分为固定式大型运动器械、可移动中小型运动器械和手持玩教具三个类别。

1. 固定式大型运动器械见图1-57所示。

图 1-57 多功能组合运动器械

2. 可移动中小型运动器械见图 1-58 至图 1-65 所示。

图 1-58 独轮车 　　　　　　　　图 1-59 摇马

图 1-60 爬筒 　　　　　　　　　图 1-61 爬网

图 1-62 投球 　　　　　　　　　图 1-63 沙包

图 1-64 平衡木、梅花桩 　　　　图 1-65 平衡板

3. 手持玩教具见图 1-66 至图 1-69 所示。

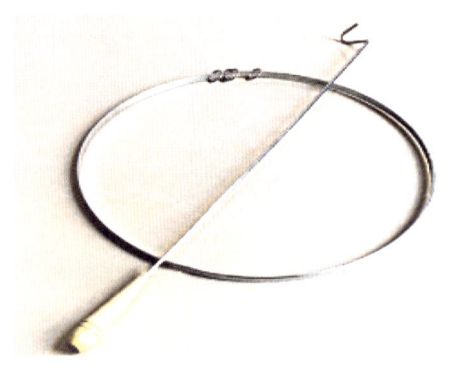

图 1-66 铁环

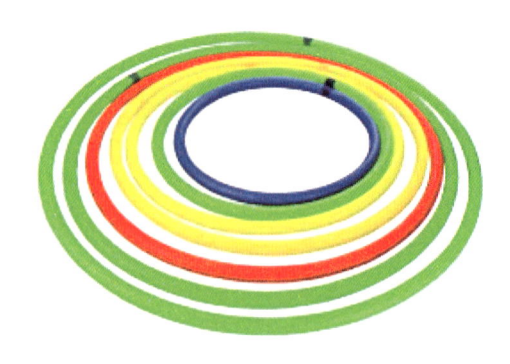

图 1-67 呼啦圈

图 1-68 跳绳

图 1-69 跳皮筋

（三）运动类玩教具的配备

以《北京市幼儿园玩具配备目录（试行）》（2010）和《上海市学前教育机构装备规范（试行）》（2006）的有关内容为参考，以下我们将主要从玩教具的品种和数量两个方面来描述幼儿园运动类玩教具的配备要求。（表 1-7、表 1-8）

表 1-7 《北京市幼儿园玩教具配备目录（试行）》（2010）中运动类玩教具的配备明细

年龄班	名　称	种　　类	数　　量
小班	大型器械	攀爬滑行、摆动平衡、旋转弹跳	各 1 件 / 园
	中小型器械	运行类、钻爬类、投掷类	★ 2 件以上 / 类班均
	手持玩具	球类、圈类、投掷类、拖拉类	种类齐全，满足使用需求
中班	大型器械	攀爬滑行、摆动平衡、旋转弹跳	各 1 件 / 园（可大型组合）
	中小型器械	运行类、平衡类、钻爬类、投掷类、弹跳类	★ 2 件 / 类班均
	手持玩具	球类、圈类、投掷类、绳类及其他类	★ 1 件以上 / 人均

续表

年龄班	名称	种类	数量
大班	大型器械	攀爬滑行、摆动平衡、弹跳类、旋转类	★各1件/园（可大型组合）
	中小型器械	运行类、钻爬类、投掷类、平衡类	★2件/类班均
	手持玩具	球类、绳类、棍类、圈类、袋类、投掷类、平衡爬行类	★其中球类各2件/类班均，其他类1件以上/人均

注：表格中的"★"表示可选择；各种类的规格要求略。

表1-8 《上海市学前教育机构装备规范（试行）》（2006）中运动类玩教具的配备明细

名称	种类	数量
运动器械	配备具有攀、爬、滑、钻、荡等单一功能的运动器械，和配备根据儿童的智力、体力发展水平而组合的多功能组合运动器械。3岁以下以单一功能运动器械为主。运动器械的配置兼顾多功能组合以及单一功能的有机结合，其数量、品种和大小应根据场地条件和每个运动器械同时活动可容纳的人数设置。	数量上能满足一次30名儿童同时玩耍的需要。满足一次30名儿童同时玩耍的需要是指满足一个班30名儿童可在多种运动器械上同时活动，而不是都集中在一个组合运动器械上。
运动玩具	提供丰富的可开展钻、爬、跳、平衡、投掷等活动的运动玩具。配备不少于4个种类的球类以及与球类活动相适应的架子。配备以自行车为主的不少于3~4种类型的车辆。	数量上应能满足一次30名儿童同时玩耍的要求。数量上应能满足一次30名儿童同时玩耍的要求。其中小皮球必配且不得少于40只。数量上应能满足一次15名儿童同时玩耍的要求。不得使用有链条的自行车。

五、艺术类玩教具的配备分析

（一）艺术类玩教具概述

《指南》中提到"每个幼儿心里都有一颗美的种子。"幼儿喜欢艺术，喜欢音乐中流动的旋律、变幻的节奏，喜欢美术中流畅的线条、丰富的色彩……在艺术活动中，幼儿发现美、感受美、表达美、创造美。艺术类玩教具就是为幼儿追求美的体验而准备的，是幼儿最感兴趣的玩教具之一。

（二）艺术类玩教具的分类

幼儿园配备的艺术类玩教具主要有以下几类：音乐类玩教具（包括乐器类、道具类）、美术类玩教具（包括绘画类、手工制作类、民间艺术类）。

1. 音乐类玩教具见图 1-70 和图 1-71 所示。

图 1-70 打击乐器　　　　　　　　图 1-71 木琴

2. 美术类玩教具见图 1-72 和图 1-73 所示。

图 1-72 扎染　　　　　　　　图 1-73 皮影人偶

（三）艺术类玩教具的配备

以《北京市幼儿园玩具配备目录（试行）》（2010）和《上海市学前教育机构装备规范（试行）》（2006）的有关内容为参考，以下我们将主要从玩教具的品种和数量两个部分来描述幼儿园艺术类玩教具的配备要求。（表 1-9、表 1-10）

表 1-9《北京市幼儿园玩教具配备目录（试行）》（2010）中艺术类玩教具的配备明细

年龄班	名　称	种　类		数　量
小班	美术类	绘画类	笔	6色粗杆水彩笔	6盒/班
				6色油画棒、粗大蜡笔	8盒/班
				黑色水彩笔（软笔头）	12支/班
				方头排笔（笔头宽窄各异）、无尘粗粉笔	3~4支/班
			纸	★3~5种/班
			绘画工具、绘画材料、欣赏画	品种齐全，数量满足活动区需要
		制作类	民间艺术	★2~3种/类班均
			手工制作	
	音乐类	乐器	金属音色乐器、木质音色乐器	每种2件/类班均
			鼓类乐器、旋律乐器	★1件/类班均
		道具	服饰、舞美、视听设备	★适量选择配备
中班	美术类	绘画类	笔	12色水彩笔	8盒/班
				12色油画棒	8盒/班
				黑色水彩笔（软笔头）	6支/班
				签字笔（黑色）	10支/班
				水彩笔、水粉笔、大楷笔	各3支/班
			纸	★5~8种/班
			绘画工具、绘画材料	★3~6种/类班均
			欣赏画	适量
		制作类	民间艺术	★4~6种/类班均
			手工制作	
	音乐类	乐器	金属音色乐器、木质音色乐器	每种1~3件/类班均
			鼓类乐器、旋律乐器	★1件/类班均
		道具	服饰、舞美、视听设备	★适量选择配备

续表

年龄班	名　称	种　类		数　量
大班	美术类	绘画类	笔：12色油画棒、水溶性油画棒	8盒/班
			12色彩色铅笔、水溶性彩色铅笔	8盒/班
			黑色签字笔	8支/班
			6色荧光彩笔	6盒/班
			毛笔、水粉笔	8~16支/班
			纸	★6~8种/类班均
			绘画工具、绘画材料	★4~6种/类班均
			欣赏画	适量
		制作类	民间艺术	★4~6种/类班均
			手工制作	
	音乐类	乐器	金属音色乐器、木质音色乐器	每种1~2件/类班均
			鼓类乐器、旋律乐器	★1~2件/类班均
		道具	服饰、舞美、视听设备	★适量选择配备

注：表格中的"★"表示可选择；各种类的规格要求略。

表1-10 《上海市学前教育机构装备规范（试行）》（2006）中艺术类玩教具的配备明细

名　称	种　类	数　量
美工工具材料	配备美工架、绘画工具、手工工具、泥工工具和可进行艺术表现的材料。 提供各种艺术欣赏资料（图书、画册、光碟、作品等）。	绘画工具和手工、泥工工具在活动时要保证每人一套。
音乐戏剧玩教具	配备儿童歌舞表演、故事表演、童话表演、木偶戏和影子戏等的系列玩具（木偶、头饰、影人等）、服装（含成人服装）、道具和基本场景布置。 全园配备儿童用打击乐器1~2套。 配备丰富的音乐、歌曲、舞蹈等音、视频资料。	数量应满足15名儿童同时开展活动的需要。 基本打击乐器每件数量应满足30名儿童同时开展活动的需要。

六、综合类玩教具的配备分析

幼儿园教育是对3~6岁幼儿进行体、智、德、美诸方面全面发展的教育，其课程内容包含健康、语言、社会、科学、艺术五个领域，各领域内容互相渗透，它是整合课程。幼儿园玩教具是幼儿活动过程中的操作材料，能够帮助幼儿进行学习、探究。幼儿园玩教具在幼儿的游戏活动中大多有多种玩法,并涉及不同的领域,对幼儿多方面的发展均有积极的作用,综合类玩教具就是这一类玩教具。

例如:在"有趣的跳跳板"游戏中,用颜色、形状不同的泡沫板连接起来,泡沫板正面朝上,板上标明点数。幼儿可先用双脚跳,再用单脚跳,最后双脚单脚交替着跳,在跳的同时能正确地说出泡沫板上的点数及泡沫板的形状。幼儿在游戏中不仅学会了跳跃,腿部肌肉得到了锻炼,而且平衡能力与协调能力也得到了进一步发展,更重要的是对数有了初步认识,对点、形状、空间等都有了初步感知。

综合类玩教具体现了幼儿体、智、德、美诸方面全面发展的教育目标,体现了教育各领域内容间的纵横联系,体现了在应用过程中方法与手段的融合,体现了玩教具"一物多玩"的理念,符合幼儿身心发展的规律和特点。

第七节 幼儿园玩教具的应用

一、幼儿园玩教具应用的基本考虑

玩教具在幼儿园教育教学活动中是必不可少的,不仅能够对幼儿园的教学工作起到辅助作用,同时还搭建起了幼儿开发智力、陶冶情操、锻炼意志品质的桥梁。

(一)幼儿园玩教具应用的基本问题探讨

1. 从"是什么"到"为什么"再到"如何用好"

如何科学应用玩教具,促进幼儿身心和谐发展,是幼儿园玩教具应用中要考虑的核心问题。为了回答这一问题,我们可以从"玩教具是什么?""为什么要使用玩教具?""如何用好玩教具?"三个方面来分析:

(1)"玩教具是什么?"

这个问题在本书第一章第二节已充分阐述,这里不再赘述。

(2)"为什么要使用玩教具?"

玩教具的应用对幼儿的游戏和学习具有积极的影响,能够促进幼儿身心诸方面的和谐发展。本书第一章第三节对玩教具的价值已有详细的论述,这里不再做具体分析。

(3)"如何用好玩教具?"

"用好玩教具"是幼儿园教师能力的体现。下面以幼儿园积木的投放与应用为例,来探讨如何有意识地让玩教具的投放对幼儿的发展产生积极的影响,从而促进幼儿的全面发展。

①建构区的创设

在幼儿园里,幼儿一般在专门的建构区内进行积木搭建,因此教师在建构区创设的过程中需要考虑：区角的设置，选择投放积木的类型、积木的数量、积木图示卡的使用，辅助材料的使用以及积木的整理等。

第一，要考虑建构区角的设置。建构区一般可以设置在活动室的一个角落，教师可铺设硬地毯（或较硬的泡沫地板）以明确区域范围，这样可以将建构区与其他区角进行区隔，以降低潜在问题发生的可能性，如幼儿间的冲撞等，同时也可降低噪声。有条件的幼儿园也可以设立专门的建构游戏室。

第二，要考虑选择投放何种类型的积木。对于这一点，教师要考虑班级幼儿的人数和年龄特点。不同年龄阶段的幼儿适合使用的积木是有差别的。例如，2岁或小于2岁的儿童适合使用泡沫、布料等材质的积木；3~4岁幼儿适合使用单元积木、彩色桌面积木、空心积木和硬纸板积木，也可加上适当的辅助材料，增加游戏的丰富性；5~6岁幼儿使用的积木，可以在形状上加以丰富，比如适当加入较少用到的形状等。总的来说，目前在幼儿园里，单元积木使用最为普遍，值得参考。

第三，在投放积木时，其数量也是需要考虑的一个重要方面。通常来说，积木的数量由同一时段进入建构区游戏的幼儿人数决定。如果在区角中积木数量太少，会引起幼儿之间的争执，因此确保有足够数量的积木非常重要。幼儿年龄不同，对积木数量的需求也有所不同，总的趋势是随着年龄的增加，积木数量也相应增加。当然，积木投放数量的多少也与建构区的大小有关。原则是要能够确保进入建构区的人数达到规定人数的上限时，幼儿能自由拼搭15分钟，不会因为积木的数量而频繁地发生冲突。

第四，要考虑辅助材料的使用。通过添加辅助材料，能让幼儿的建构更富有创造性。但要记住，建构区的主要目的是让幼儿搭建而不是玩其他的游戏（比如角色游戏），因此要确保一次性投入辅助材料的数量适当，这既能让幼儿的注意力集中在搭建上，又能鼓励幼儿在搭建时使用辅助材料。另外，辅助材料也可以包括纸、笔等，这样有助于感兴趣的幼儿（尤其是大班的幼儿）先画"建筑图"，再搭建。

第五，应鼓励幼儿自行进行积木的摆放及整理。储物架可考虑使用积木图示卡标明其位置。图示卡的粘贴要确保幼儿能根据卡上的线索正确地把积木放回原处。另外，最大和最重的积木要放在架子底部，以确保稳固和安全。

当然，积木的投放类型和数量不是一成不变的，教师要根据幼儿的使用情况来判断投放是否恰当。如果有些积木使用率极低，教师应思考其中的原因并进行改良，如果存在诸如年龄不适宜等情况，应考虑停止投放；反之，如果有些积木特别"抢手"，幼儿总是因喜欢而发生争抢，教师应该考虑适当增加投放量。

②教师在幼儿游戏中的角色

对于建构区内的游戏而言，教师虽不是游戏的主导者，却是幼儿游戏与学习的促进者，其作用十分重要。

首先，教师的示范作用非常重要。幼儿喜爱模仿他们认为重要的人的行为。在幼儿园班级中，教师是幼儿心目中的重要人物，教师在建构区的活动往往能激发幼儿浓烈的好奇心和探究欲，因此不能低估教师通过活动所展现的吸引力。

其次，在建构区，幼儿之间的小争执是难以避免的，尤其是年龄小的幼儿。他们往往缺乏等待的耐心，会有意或无意地推倒积木，以表达不满。事实上，这样的情形对教师来说，也是一个很好地帮助幼儿学习如何解决争执的契机，教师可引导幼儿通过协商解决争执。教师在干预时不仅要了解事件的前因后果，恰当地解决当下事件，还要为幼儿解决一日生活中遇到的类似问题提供有效的解决方案。

最后，启发儿童的思考与引导进一步探索，是教师在幼儿建构游戏中最重要的一项任务。在建构区中，没有所谓的正确答案。所有活动都是开放式的，教师可通过有效的提问来鼓励幼儿进行思考，激发其认知循序渐进地向更高水平发展。

当然，教师应当关注积木的使用特点，通过对幼儿游戏行为的观察和评价，反思积木提供的适宜性状况，适当调整与更新换代。

③对幼儿建构游戏中学习与发展的评价

建构游戏为幼儿的学习与发展提供了很好的机会，同时幼儿在建构游戏中的表现也反映了其发展水平。

在建构游戏中，幼儿利用积木等玩教具，根据自己的认知及经验，经过动手操作来反映现实生活。这种反映不是对眼前事物简单、直接地再现与模仿，而是具有明显的幼儿认知个性的再造想象、创造性想象。建构游戏是一种积极的创造性游戏，通过与他人合作搭建，幼儿获得了社会交往的机会，并逐渐懂得与同伴相互配合、帮助、协商，培养开放、合作、理解、尊重等心理品质。

而对于不同年龄的幼儿而言，其建构游戏的表现是有差异的，具体表现如下：

2~3岁幼儿，大多处于把玩积木的水平。在这个阶段，幼儿能够携带、移动、堆积、推倒积木，初步接触和感受积木，基本没有任何搭建行为。相反，他们会去探索单个积木的特性。

3岁幼儿会把积木竖立或推倒，或把它们排成一排，或把它们简单堆在一起。他们会不厌其烦地重复一种行为。

3~4岁幼儿的搭建行为以搭建桥梁为特点，进而开始搭建封闭的区域（围合）。他们逐步理解里外、周围和边界等空间概念，并逐渐能考虑积木平衡和对称了。

4~5岁幼儿已经开始运用模式和对称来搭建带有装饰的构造了。在搭建中，他们会根据积木的尺寸和图形进行精细的分类和匹配，还会给其构造物命名。

5~6岁幼儿已经进入设计、计划和精心搭建阶段。他们通过合作来搭建积木，并在动手之前决定好搭建的方案。他们搭建的建筑和预设很相似。由于构造的复杂性，他们的搭建过程往往会持续一定的时间，他们搭建的创造性想法也更加丰富了。

评价积木的投放与幼儿的建构游戏，在以下几方面具有积极意义：

（1）能了解幼儿当下的需要，便于更好地支持幼儿的游戏行为，如根据需求及时调整玩教具的品种和数量等。

（2）确定幼儿的建构水平，有助于更好地了解幼儿的认知发展水平和社会性发展水平，也有助于引导幼儿向更高阶段发展。

（3）确定积木的使用特点，并据此反思是否需要对积木的投放类型、数量等进行调整，有条件的话，还可进一步判断是否需要对积木本身的特点进行调整，如大小、颜色、形状等。具体的观察和评价可以通过取样来进行记录，包括照片、录音等，以检核表法、轶事记录法、作品分析法等方法来开展。

（二）幼儿园玩教具应用的主要环节

从玩教具应用的角度来看，幼儿园教师有效利用玩教具的过程包含以下几个环节：玩教具选择与提供的适宜性、游戏活动空间的创设与布局、游戏时间的安排、教师对玩教具功能及玩法的掌握、玩教具应用的组织与指导、教师对幼儿应用玩教具的观察以及幼儿园班级玩教具的管理等。

其实，教师对以上所述环节的把握也正是对"空间""时间""人"和"物"四个要素及其互动关系的把握。这种把握带来的益处首先便是玩教具应用效率的提高，增加了"人"与"物"的互动。其次，源于教师对"时间""空间"和"物"的有效安排，"人"的要素在此受益，即幼儿的学习与发展得到支持并不断提升。另外，在对这些要素及相互关系把握的过程中，教师的专业素养，甚至对专业的认同度也会不断提升。

需要注意的是，"空间""时间""人"和"物"四个要素是相互影响、相互制约的。教师应有广阔的视野，觉察并协调四者间的关系与相互影响。例如，在上述幼儿园玩教具应用的基本问题探讨的小节中，教师引导幼儿在建构区进行积木搭建，同时配合观察、指导与评价，但如果给予幼儿探索的时间不够，便很难达到预期的教育效果；又如，教师给予幼儿足够的时间进行建构活动，同时配合观察、指导与评价，但如果给予幼儿探索的空间太小，使七八个幼儿挤在一块小的区域内搭建积木，这样也很难达到预期的教育效果。

二、幼儿园玩教具应用的现存问题

玩教具在幼儿园中被广泛使用，幼儿园的四类活动（即生活活动、运动活动、游戏活动、学习活动）均应用到玩教具，其使用渗透在幼儿一日生活的各个环节。随着学前教育事业的发展，幼教工作者、家长对玩教具的设计、制作、配备、应用的关注度越来越高。当前，幼儿园玩教具的应用主要存在以下问题：

（一）可供幼儿自由使用的玩教具数量有限

首先在幼儿园玩教具中，户外玩教具使用频率较高，大型成套玩教具更受孩子们的喜欢，使用更加频繁。其次，活动室区角内的玩教具使用频率也较高，特别是建构类、部分益智类玩教具。

其中部分玩教具由于幼儿使用的自由度不高，且较高结构，致使其使用频率较低，如艺术类、科学类玩教具，特别是存放在功能室的玩教具，实际使用效果不好，更有个别玩教具放置在保管室中，幼儿无法自由使用，有的是全园各班排期轮流使用，有的需老师提前申请，程序复杂，使用率低。

（二）玩教具的使用达不到安全卫生要求

玩教具的安全卫生要求是保证幼儿使用过程中身心健康发展的前提。安全是第一位的，从材质、设计、规格、工艺等多方面把握玩教具的安全性。当前，幼儿园（特别是公办幼儿园）在玩教具的采购时基本能做到安全卫生，符合规范，但也有幼儿园在采购过程中，会受到玩教具的价格影响，盲目地追求数量和"性价比"，导致对玩教具的安全性要求降低。另外，幼儿园已配备的玩教具，特别是大型玩具，日常的清洁、消毒工作不到位，卫生情况堪忧。

（三）玩教具的使用过程缺乏专业的管理

要保证玩教具对促进幼儿的身心发展有积极的促进作用，就要在保障和管理上下功夫。当前，幼儿园玩教具的管理比较混乱，很大比例的幼儿园没有专门负责管理玩教具的人员，室内玩教具大多由各班级自己负责，而户外玩教具的管理停留在靠"自觉"的状态。定期的检查没有落实，玩具的消毒流于形式，甚至有些幼儿园对玩教具的管理仅仅是偶然的行为。幼儿每天使用的玩教具，有些是之前很多小朋友玩过没有消毒的，有些是使用率低积着灰的，有些是简单清洗后直接使用的……同时，玩教具（特别是体积较小的玩教具）流失情况时有发生，部分玩教具的损坏情况比较多，更新、修补也不及时。

（四）玩教具的使用过程缺乏教师的有效指导

充分发挥玩教具对幼儿发展的积极影响，教师的有效指导是关键。当前，在幼儿园的一日活动中，幼儿使用玩教具时教师的指导不足，主要体现在三个方面：第一，放养式，玩教具的使用情况教师采取不参与的方式，幼儿在使用玩教具时，教师做自己的事情（如备课、做教具等）；第二，严管式，幼儿对玩教具所有操作、探究的过程和方式必须严格按照老师规定的"程序"进行；第三，误导式，缺乏对幼儿使用玩教具的观察，指导的时机、方式等不恰当，无法有效地促进幼儿身心发展。由于地域、教育发展水平、园所性质等因素的差异性，教师的有效指导在各地的表现也有所差异。

三、幼儿园玩教具应用的实效分析

幼儿园玩教具的应用能够促进幼儿体、智、德、美诸方面的和谐发展，其应用于幼儿园一日活动中具有的实际效果主要有以下三个方面：

（一）幼儿学习积极性得到明显提升

玩教具将课堂知识生动形象地表现出来，幼儿通过玩教具的实际操作能应用、强化相关知识,对于幼儿而言,玩教具更多的是一种"玩具"或"学具",对玩教具的应用是一种娱乐活动,幼儿会认为上课也是一件娱乐的事情,从而提高了幼儿的学习兴趣和学习积极性。

（二）幼儿创新意识和发散思维得到发展

创新意识和创新能力是这个时代中最为重要的能力,幼儿期正是培养创新意识的关键时期。幼儿思维活跃,经常会在学习和生活中迸发出奇思妙想,而玩教具的应用,特别是低结构化的玩教具,让幼儿发散思维得到了培养,从而激发了幼儿的创新意识,锻炼了幼儿的创新能力。

（三）幼儿动手能力和解决问题能力得到提高

在玩教具的使用过程中,幼儿要通过多种感官感知其特征,要运用思维分析信息,并找到解决方法,然后通过操作去验证,如遇到困难再寻求其他的解决途径,这一系列的过程都离不开幼儿的亲身感受、动手操作,因而幼儿在玩教具的使用过程中动手能力和解决问题能力都得到了提高。

四、幼儿园玩教具应用的未来展望

（一）玩教具应用的文化传承作用凸显

中华民族5000年的传统文化中孕育出了种类丰富、玩法多样、有益身心的玩教具,它是一代又一代人探索、实践、传承下来的宝贵财富,是我们每一位中华儿女应该传承下去的民族"魂"。未来幼儿园的玩教具,应该汲取中华传统文化的营养,取其精华、去其糟粕,促进幼儿发展。

（二）玩教具应用与科技进步紧密结合

幼儿园玩教具的设计、制作和应用,随着科学技术的发展和社会的进步而不断发展,其与科学技术的关系也更加紧密。如20世纪90年代出现的3D打印技术,在幼儿园的使用过程中存在成本高、花费大、操作水平要求高等壁垒,在当前幼儿园玩教具的应用过程中使用较少,但随着师资水平的不断提升,3D打印、4D打印、5D打印将逐步应用于玩教具的设计、制作与使用之中。

> **知识链接**

何为3D打印技术？

3D打印技术即出现于20世纪90年代的一种快速成型技术,它是以一种数字模型文件为基础,运用粉末状金属或塑料等可黏合材料,通过逐层打印的方式来构造物体的技术,又称增材制造技术。简单地说,3D打印是断层扫描的逆过程。断层扫描把某个东西"切"成无数叠加的片,3D打印则是一片一片的打印,然后叠加到一起,成为立体物体。3D打印使用的材料是特制的粉末,这些粉末在打印的过程中会被一种特制的胶水逐层黏合、固化,并不断叠加,最终形成一个完整的立体物品。

总之，玩教具的应用，无论处在时间轴的哪一段，一定会围绕着促进幼儿发展这个基本原则进行。

拓展练习

一、选择题

1.活动区的活动该结束了，可是晨晨的游乐园还没有搭完，他跑到老师面前说："老师，我还差一点就完成了，再给我5分钟，行吗？"老师说："行，我等你。"老师一边说，一边指导其他幼儿收拾、整理……该教师的做法体现了幼儿园一日活动的安排应该（　　）。

A.与幼儿积极互动　　　　　　　　　B.根据幼儿活动的需要灵活调整

C.按作息时间表按部就班地进行　　　D.随时关注幼儿的活动

【答案解析】[B]。《专标》在科学、合理地安排和组织一日生活中指出：（1）时间安排应有相对稳定性与灵活性，既有利于形成秩序，又能满足幼儿的合理需要，照顾到个体差异。（2）教师直接指导的活动和间接指导的活动相结合，保证幼儿每天有适当的自主选择和自由活动时间。教师直接指导的集体活动要能保证幼儿的积极参与，避免时间的隐形浪费。因此题干中所说的正是体现了幼儿一日生活的安排应该照顾到幼儿个体差异，同时避免时间的隐形浪费。故选[B]。

2.（　　）可以让幼儿模拟成人世界，学习生活技巧，有更多机会认识自己身边环境并吸收相关生活经验的玩具。

A.认知类玩教具　　B.语言类玩教具　　C.科学类玩教具　　D.社会类玩教具

【答案解析】[D]。参见玩教具的分类。

3.（　　）即我们通常所说的益智玩教具，它能帮助幼儿学习及建立各种基本概念。

A.认知类玩教具　　B.操作类玩教具　　C.科学类玩教具　　D.动作类玩教具

【答案解析】[A]。参见玩教具的分类。

4.（　　）可以引发幼儿的好奇心，也为宝贝提供了对各种事物进行观察比较、收集整理、动手操作等机会，激发幼儿对科学现象的兴趣，培养幼儿对科学世界的探究意识。

A.认知类玩教具　　B.语言类玩教具　　C.科学类玩教具　　D.社会类玩教具

【答案解析】[C]。参见玩教具的分类。

5.（　　）即幼儿最熟悉的儿歌、故事、文字等相关的可以促进幼儿听觉发展、语言学习、组织能力及写前练习的玩具。

A.认知类玩教具　　B.语言类玩教具　　C.科学类玩教具　　D.动作类玩教具

【答案解析】[B]。参见玩教具的分类。

6. （　　）可以提高幼儿在音乐、美术等方面的欣赏力、感受力，鼓励和激发幼儿在艺术方面的表现能力。

　　A. 艺术类玩教具　　　　B. 语言类玩教具　　　　C. 科学类玩教具　　　　D. 社会类玩教具

【答案解析】[A]。参见玩教具的分类。

7. （　　）可以锻炼幼儿跑步、攀爬、投掷等大肌肉的动作及身体各部分的配合协调能力，培养幼儿喜欢运动，让幼儿在运动中增强体质、健康活泼成长。

　　A. 艺术类玩教具　　　　B. 操作类玩教具　　　　C. 科学类玩教具　　　　D. 动作类玩教具

【答案解析】[D]。参见教玩具的分类。

二、简答题

1. 幼儿园玩教具的定义是什么？
2. 幼儿园玩教具的特点是什么？
3. 幼儿园玩教具的分类有哪些？
4. 幼儿园玩教具的价值有哪些？
5. 幼儿园玩教具设计与制作的基本步骤和方法有哪些？

【答案解析】略。

三、论述题

1. 结合实际谈谈幼儿园玩教具的设计与制作应达到哪些基本要求。
2. 结合实际谈谈幼儿园玩教具的设计与制作应遵循哪些基本原则。
3. 当前幼儿园玩教具的设计制作与应用存在哪些问题？请举例说明。

【答案解析】略。

综合实训

1. 联系一所幼儿园，根据幼儿园玩教具配备目录，尝试为该幼儿园的小班拟定一份艺术类玩教具配备清单。
2. 选择一所幼儿园，运用幼儿园玩教具设计与制作必须遵循的基本要求和原则，对该园的自制玩教具现状进行调查与分析，尝试提出适宜的教育建议，并说明什么样的自制玩教具才是好的玩教具，最后形成调研报告。

【答案解析】略。

第二章
科学类玩教具的制作与应用

【学习目标】

1. 了解科学类玩教具制作与应用的理论基础。
2. 熟悉科学类玩教具制作与应用的核心经验及材料建议。
3. 掌握科学类玩教具设计制作的要点及应用与指导要点。
4. 通过案例分析与讨论，能理论联系实际，熟悉并掌握科学类玩教具制作与应用的基本思路，并能迁移创新，提高资源整合能力和主动解决问题的能力，培养选择、批判并建构课程的观念和能力。

【学习重难点】

学习重点：

科学类玩教具制作与应用的理论基础；科学类玩教具制作与应用的核心经验及材料建议；科学类玩教具设计制作的要点及应用与指导要点；科学类玩教具制作与应用的基本思路。

学习难点：

通过案例分析与讨论，能理论联系实际，熟悉并掌握科学类玩教具制作与应用的基本思路，并能迁移创新，提高资源整合能力和主动解决问题的能力，培养选择、批判并建构课程的观念和能力。

【情境导入】

区域活动时间，卫卫和睿睿选择到科学区玩玻璃棒，睿睿将玻璃棒放到装满纸屑的盘子里，试图吸起盘子里面的纸屑，试了几次，都没有粘上盘子里面的纸屑。卫卫过来拿了一根玻璃棒在尼龙布上轻轻摩擦了几下，玻璃棒一靠近纸屑，纸屑就吸起来了。这时，睿睿也拿来一张尼龙布，将玻璃棒在尼龙布上摩擦了几下，他把玻璃棒放到盘子里，也吸起了纸屑。

睿睿："我也粘上了这个。"

卫卫："我知道，这个要在布上擦一擦才粘得上，刚才那个你就没有粘上。"

睿睿："我知道，刚才我没有用布，没有粘起来。为什么擦一擦会粘上？"

卫卫："上一次，我也是这样粘上的，康康说在布上擦一擦就有电了。是电把他们粘起来的。"

使用摩擦的方法，让两种不同的物体带电的现象叫摩擦起电。经过摩擦起电后的物体能够吸起一些小东西。玻璃棒由于被尼龙布摩擦后带上了电，所以能吸起碎纸屑。在科学区，投放适宜的科学类玩教具，儿童选择各种材料进行主动的探索和学习，满足儿童的好奇心和探究欲望。那么，科学类玩教具在制作和应用时要注重发展幼儿哪些核心经验？其制作与应用的要点有哪些？作为一名幼儿园教师，如何在应用中给予幼儿相应的科学指导呢？

本章要讨论的正是科学类玩教具制作与应用要点，以及相应的案例分析。

第一节 科学类玩教具制作与应用要点

科学类玩教具制作与应用要点主要围绕理论支持、儿童学习与发展核心经验、制作材料建议、设计与制作要点、应用与指导要点五个层面进行详细论述。（表2-1）

表2-1 科学类玩教具制作与应用要点

要点维度	具体内容
理论支持	《指南》中指出：幼儿的科学学习是在探究具体事物和解决实际问题中，尝试发现事物间的异同和联系的过程。成人要善于发现和保护幼儿的好奇心，充分利用自然和实际生活的机会，引导幼儿通过观察、比较、操作、实验等方法，学习发现问题、分析问题和解决问题；帮助幼儿不断积累经验，并运用于新的学习活动，形成受益终身的学习态度和能力。 《纲要》中提道：引导幼儿对身边常见事物和现象的特点、变化规律产生兴趣和探究的欲望，提供丰富的可操作的材料，为每个幼儿都能运用多种感官、多种方式进行探索提供活动的条件。同时，科学教育应密切联系幼儿的实际生活进行，利用身边的事物与现象作为科学探索的对象。
儿童学习与发展核心经验	小班： 1. 对科学类玩教具感兴趣，喜欢接触新事物。 2. 经常问各种问题，或好奇地摆弄物品。 3. 对感兴趣的事物能仔细观察，发现其明显特征。 4. 能用多种感官或动作去探索物体，关注动作所产生的结果。 5. 能感知和发现物体与材料的软硬、光滑、粗糙等特性。 中班： 1. 喜欢接触新事物，经常问一些与新事物有关的问题。 2. 常常动手动脑探索物体和材料，并乐在其中。 3. 能对事物或现象进行观察与比较，发现其相同与不同。 4. 能根据观察结果提出问题，并大胆猜测答案。 5. 能通过简单的调查收集信息。 6. 能用图画或其他符号进行记录。 7. 能感知和发现常见材料的溶解、传热等性质或用途。 8. 能感知和发现简单物理现象，如物体形态或位置变化等。 9. 初步感知常用科技产品与自己生活的关系，知道科技产品有利也有弊。 大班： 1. 对自己感兴趣的问题总是刨根问底。 2. 能经常动手动脑寻找问题的答案。 3. 探索中有所发现时感到兴奋和满足。

续表

要点维度	具体内容
	4. 能通过观察、比较与分析，发现并描述不同种类物体的特征或某个事物前后的变化。 5. 能用一定的方法验证自己的猜测。 6. 在成人的帮助下能制定简单的调查计划并执行。 7. 能用数字、图画、图表或其他符号记录。 8. 探究中能与他人合作、交流。 9. 能发现常见物体的结构与功能之间的关系。 10. 能探索并发现常见的物理现象产生的条件或影响因素，如影子、沉浮等。
制作材料建议	1. 科学类玩教具的材料选取上，首先需要综合考虑材料的安全性，不能用有毛刺、不卫生的物品；其次，可操作性要强，尽可能多地满足幼儿喜欢动手做的特点；再次，还可以选择自然材料和废旧物品，既经济适用又符合环保的理念。 2. 注重幼儿对多种材料的感知，如木质材料、毛绒材料、布类材料、塑料材料、金属材料等多种材料的选择，便于幼儿不同感官的材料体验。 3. 根据不同的科学活动类型，提供丰富的工具材料。如观察类活动提供放大镜、镊子、容器、吸管、天平等，探究类活动提供自然物、仿真标本和人造物等，信息收集类活动提供温度计、指南针、地球仪等。
设计与制作要点	1. 制作的玩教具要充分考虑幼儿科学核心经验发展的层次性和差异性，允许幼儿以自己的方式去探究和发现。 2. 科学类玩教具要满足儿童自己动手操作探究的欲望，因此，设计与制作上不要投放太多无法摆弄的成品，要尽可能地满足幼儿自己动手探究的欲望，提供耐用性强的材料。 3. 可把自然资源考虑进其中，使幼儿在进行观察、探索活动时有更多的可选择性，从而更好地开发幼儿的想象力，增强幼儿动手的能力，培养幼儿独立思考的能力。 4. 材料与材料会构成一定的关系，引发不同的探索方向，甚至不同性质的活动。比如，把不同厚薄、不同质地的纸张放到一起，引发的可能是观察与比较的活动。所以，设计与制作上一定要认真考虑幼儿有可能进行的探索活动，排除干扰因素和不必要的点缀，直接引导幼儿指向有意义的探索活动。
应用与指导要点	1. 科学类玩教具的材料不是越丰富越好，玩具材料的呈现应该按照主题循序渐进地分层次呈现。材料能物化科学探索的具体目标，所以让一次呈现的材料整齐、有序，既能体现明确的目标指向，又能引发幼儿探索的兴趣。 2. 幼儿科学类玩教具的使用不局限于集体活动和区域活动当中，可根据幼儿实际情况开展小组活动、个别指导，或生成主题活动。 3. 幼儿在科学类玩教具的探索过程中，教师要鼓励幼儿去发现、去探索，留给幼儿思考的空间，给幼儿表达科学发现的愿望。 4. 为方便幼儿记录实验操作的过程和结果，教师应该为幼儿提供纸和笔及空间来展示幼儿的记录，便于幼儿交流和分享。 5. 教师应创设一个有利于幼儿自主探究的心理环境，给予幼儿鼓励和支持，让幼儿放手大胆地尝试实验操作。同时，教师对幼儿的错误要给予宽容和理解，对于幼儿在探究过程和结果中的语言和行为表现，教师应采用宽容、理解、尊重的态度，并以幼儿的眼光去看待。

第二节 科学类玩教具制作与应用案例

基于上节中科学类玩教具制作与应用要点分析，本小节主要对幼儿园教育教学实践中两个科学类玩教具制作与应用经典案例进行探讨，具体案例呈现如下：

案例1 未来科学家

遵义市实验幼儿园 贺媛娜 詹智超 周禹

码2-1 未来科学家教学视频1

一、设计思路

"未来科学家"将趣味性和探究性融合到自制玩教具中，围绕贴近幼儿生活的六大类科学现象（光影、水、风、磁力、声音、电）来进行设计，且充分考虑自制玩教具的低结构、安全性、趣味性、教育性、环保性等特点，不选用较复杂的工艺，但却始终遵循为幼儿制作能操作、多变化、多功能的科学类综合系列玩教具的原则。因此，该套玩教具可组合、可拆分，不仅单套玩教具有多种探究形式，多套玩教具相互之间也可以组合玩耍，打破了老式科学类玩教具单一、固定的玩耍模式，体现自主、自由的游戏理念，让幼儿在玩耍中理解、掌握科学知识，了解科学现象，探寻科学的奥秘和玄机，适合大、中、小班不同年龄段的幼儿玩耍。

二、教学总目标

1. 感知光影、水、风、磁力、声音、电等的特性，对科学游戏感兴趣。
2. 通过玩耍、摆弄玩具进行猜想、实验、记录、观察比较与检验分析，认识实验和验证对科学探究的重要性。
3. 通过科学探究进行游戏、学习和解决问题，为自己的探索发现感到兴奋和满足，体验科学游戏带来的无穷乐趣，从小萌发对科学的热爱。

三、工具与材料

1. 玩光影系列材料（工具）准备：木块、透明彩色纸、电筒、螺丝、凹透镜、凸透镜、凹面镜、自制蝴蝶标本、自制植物标本、石头、贝壳、纸箱、夜光贴、导光棒、六棱镜、手指投影玩具、木板、镜子、L型金属卡钉、魔术贴等。
2. 玩水系列材料（工具）准备：饮料瓶、塑料瓶、水管、花岗岩石子、瓷砂、活性炭、石英砂、上水器、盛水器皿、水管卡子、色素、洗衣粉、金粉、漏斗等。

3. 玩风系列材料（工具）准备：木箱、木板、打气筒、扇子、可乐瓶、管子、气球、风车、泡沫球、胡子玩具、金箔纸等。

4. 玩磁力系列材料（工具）准备：磁铁、磁粉、塑料瓶、木块、瓶盖、木板、魔术贴、塑料纸、螺丝、钉子、石头等。

5. 玩声音系列材料（工具）准备：木板、钢管、木管、纸管、PVC 管、小球、弯头、魔术贴等。

6. 玩电系列材料（工具）准备：木块、电线小灯泡、蜂鸣器、电池、铁丝、锡箔纸等。

四、活动案例

（一）系列一：玩光影

1. 活动目标

（1）通过玩玩、照照探究光的折射、反射等效果。

（2）了解光照射的远近和物体成像大小的关系，感知光的动态成像效果。

（3）通过游戏观察实验现象所产生的变化，了解光和影子的关系。

2. 操作应用一：光影游戏盒

（1）制作步骤

第一步：将木块装订成可开合的箱子，便于收纳游戏材料和作为工具台操作使用。

图 2-1 光影游戏盒场景

第二步：制作箱内光影游戏材料。首先，将木块切割成适宜的长条，用于放置电筒，部分长条木块中间切割一条口用于卡成像屏、光影剪卡、彩色卡纸等材料。其次，将木块切割成圆形，再钻出三个与电筒发光头大小相同的小洞，固定到木块上连接制作成旋转三孔放映盘。（图 2-1）

（2）具体玩法

玩法一：光影成像大小变化。通过移动投影剪卡的位置，观察成像板上影子的大小变化，探究光和影子大小的变化关系。（图 2-2）

玩法二：动态光影。在电筒和投影剪卡之间加上旋转三孔放映盘，转动放映盘，可以观察到成像板的影子呈动态变化形式，探索光影的多种成像可能。（图 2-3）

玩法三：彩色光影。提供三原色的彩色透明卡纸，透过不同颜色的卡纸，影子会呈现不同的颜色，三原色的影子通过不同方式的叠加，还能制造出更多不同颜色的影子。通过探究彩色影子之间的叠加组合，幼儿对色彩混合有了更进一步的感知和认识。（图 2-4）

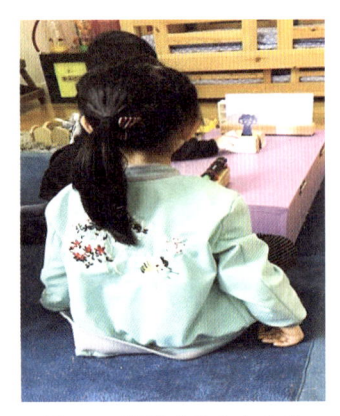

图 2-2 光影成像大小变化 　　图 2-3 动态光影 　　图 2-4 彩色光影

图 2-5 彩虹小屋制作步骤 1 　　图 2-6 彩虹小屋制作步骤 2-1 　　图 2-7 彩虹小屋制作步骤 2-2

玩法四：不同材料的光影。提供多种材料，如导光棒、六棱镜等，通过电筒的照射，不同的材料呈现出多种光影，给幼儿的探索实验增加了趣味性和无限的可能性。

3. 操作应用二：彩虹小屋

（1）制作步骤

第一步：将木块切割成适宜的大小，并计算好拼插口的位置，通过拼插组装成小房子的造型。（图 2-5）

第二步：在木块上切割与各种光学镜大小相同的洞，将光学镜用胶固定安装，将彩色卡纸剪成不同大小放置在木板上。（图 2-6、图 2-7）

第三步：提供一些常见的可供幼儿观察的自然物，如自制蝴蝶标本、自制植物标本、石头、贝壳等。

（2）具体玩法

玩法一：凸透镜观察。凸透镜是折射成像的，成的像可以是正立、倒立的，也可以是虚像、实像，还可以放大、等大、缩小等。幼儿通过凸透镜能仔细地观察到事物的细致外观，给幼儿提供多种可观察物体，如自制蝴蝶标本、自制植物标本、石头、贝壳等自然物，通过凸透镜的观察，可发现平时没有观察到的细致纹理，幼儿也可以自由地观察自己想探究的物体。

玩法二：凹透镜观察。凹透镜能成正立、缩小的虚像，物与像在透镜同一侧。幼儿通过凹透镜能观察到物体的多种成像效果，这些好玩的现象能增加幼儿的探索欲望。

图 2-8 彩虹小屋游戏

玩法三：凹面镜观察。凹面镜的原理是反射成像。凹面镜起聚光作用，物距不同成像也不同。在凹面镜前，幼儿可以看到自己放大或缩小的脸，也可以观察任意物体的不同成像状态，变化的成像会让幼儿在探索过程中了解无限的可能性，激发探索兴趣。

玩法四：彩色小屋游戏。提供多种彩色卡纸给幼儿，让幼儿通过彩卡观察发现物体都变成了彩色，而透过不同的彩卡看其他的彩卡，这些颜色又全部都发生了变化，通过探究彩卡之间的叠加组合，幼儿对色彩混合有了更进一步的认识。（图 2-8）

4. 操作应用三：神秘小黑屋

（1）制作步骤

第一步：采用废旧的大纸箱，在纸箱一面剪切一个可供幼儿的头钻入的大孔，下方再剪切两个可伸入手臂的小孔，在箱子表面装饰上符合幼儿审美的图案，在箱子的里面贴上夜光贴。

第二步：提供多种透光材料，如导光棒、六棱镜、手指投影玩具等，箱子的顶部为可开合设计，用魔术贴封箱，可以随意更换箱子内部的夜光装饰和材料。（图 2-9）

（2）具体玩法

玩法一：钻到神秘的箱子里去，利用电筒和导光棒、六菱镜观察在黑箱子里产生的光影效果。（图 2-10）

玩法二：观察夜光贴发光的效果。（图 2-11）

图 2-9 神秘小黑屋制作　　图 2-10 神秘小黑屋游戏玩法 1　　图 2-11 神秘小黑屋游戏玩法 2

5. 操作应用四：多面猜猜镜

（1）制作步骤

第一步：采用木板和多块镜子制作而成，两块相同大小的木块从中间相互卡成一个十字形。

第二步：切割两块相同大小的圆木块，配上镜子置于十字形镜子的上下方即可。

（2）具体玩法

玩法一：在镜面上放置一张卡片，通过底部的镜面猜想图片上是什么，然后把卡片取出来进行验证。

图 2-12 多面猜猜镜游戏

玩法二：用立体的多面镜和底部的圆镜子进行组合，把任意一个物体放置在里面，观察物体的变化。（图 2-12）

6. 操作应用五：镜子迷阵

（1）制作方法

采用正方形木板与小镜子来制作，将 L 型金属卡钉到木板上，形成多个不同方向的小卡子。（图 2-13）

（2）具体玩法

玩法一：镜子的折射。自由地组合小镜子的数量和方向，形成多种玩法、多种可能的镜子迷阵。幼儿可自由拼搭组合镜子，将物品放置到摆好的镜子迷阵里，通过镜子的反射效果看见一物多影，发现镜子的折射、反光、多面反射等原理。

玩法二：吹气迷宫。把镜子取下，将木板倒置，在背面可以玩磁力小汽车和吹气隧道的游戏，还可以把不同材质的球放在轨道里，通过吹气，探索球的行走轨迹，观察不同材料导致不同运行速度的风力。（图 2-14）

图 2-13 镜子迷阵制作

图 2-14 镜子迷阵游戏

7. 操作应用六：旋转镜子迷阵

（1）制作方法

采用正方形木板与小镜子来制作，在木板上粘贴可旋转的小转盘，将L型金属卡粘贴到木板上，形成小卡子。（图2-15）

（2）具体玩法

可以自由地组合小镜子的数量和旋转镜子的方向形成多种玩法、多种可能的镜子迷阵。

图2-15 旋转镜子迷阵制作

（二）系列二：玩水

1. 活动目标

（1）在玩水游戏中，了解水无色透明、有流动性的基本特性。

（2）了解空气的挤压会产生对水的压力，改变水的流向。

（3）探索水的过滤方法，增强节约用水和保护水资源的意识。

2. 操作应用一：污水变变变

（1）制作方法

第一步：主要采用废旧饮料瓶和废旧水管首尾相接制作而成，饮料瓶里装上花岗岩石子、瓷砂、活性炭、石英砂等不同过滤物质，再配上一个普通的上水器和两个盛水器皿用于分装污水和净化后的清水即可。

图2-16 污水变变变游戏

第二步：在操作板上利用水管卡子来固定饮料瓶，卡子里的瓶子可以随意取下，方便幼儿更换过滤材料或直接更换其他瓶子，从而进行多种探索实验游戏。

第三步：由于操作板的设计为可拆卸的设计，幼儿不仅可以进行污水净化的实验，还可以根据自己的需要拆卸操作板，连接不同的瓶子和材料进行探索实验。

（2）具体玩法

用上水器将污水抽起，水上升流到污水净化器内，观察污水变成清水的过程。（图2-16）

3. 操作应用二：水龙卷风

（1）制作步骤

第一步：准备两个废旧塑料瓶，将两个瓶盖中间掏出一个小洞，用胶固定。

第二步：瓶内放上水，拧紧瓶盖即可。瓶盖可以随意取下，方便幼儿

码2-2 未来科学家教学视频2

增加材料。

（2）具体玩法

将瓶子取下来摇一摇，观察上面瓶子的水流到下面瓶子时产生的水旋涡。（图2-17）

4. 操作应用三：水的旅行

（1）制作步骤

将大小不同的废旧瓶子、废旧管子固定到操作板上，给水流组合成一条条有趣的旅行之路。瓶子的大小不限，摆放的位置也没有固定方式。（图2-18）

（2）具体玩法

把水倒进高处的进水口，通过不同管道的搭配观察水的流动，看看水最后流到了哪里。

图2-17 水龙卷风游戏　　　　图2-18 水的旅行制作

（三）系列三：玩风

1. 活动目标

（1）感知空气的流动能产生风，并探索产生风的各种方法。

（2）能用对比实验的方式，通过观察、分析实验现象发现风的大小，探究和判断风的方向。

（3）了解风的作用，激发主动探究风的欲望。

2. 操作应用一：神秘探风箱

（1）制作步骤

第一步：将木板装订成箱，在箱子的中间用木板隔成6个格子，每个格子内放上较轻的材料，便于风吹动。

第二步：格子前的可视窗口使用塑料有机玻璃隔挡，方便幼儿观察。

第三步：箱子顶部采用可活动的木板封顶，并做成粘扣的形式，这样可以根据需要自由更换内部材料进行探索实验；箱子内部画上有趣的图案，增加了探索活动的兴趣和欲望。

第四步：箱子的一面三格里放置相同的材料，提供不同的制风方式，标上刻度，通过实验观察、对比哪一种制造的风能让箱子里的材料飞得更高。

第五步：可提供打气筒、扇子，也可自由采用其他的材料进行风的实验。（图2-19）

（2）具体玩法

玩法一：吹气产生风，当风车转起来时观察不同力度吹的气，带动风车转动时产生的不同现象。

玩法二：用脚踩打气筒，观察打气筒产生的风力使泡沫球飞的高度。

玩法三：通过摇动扇子，观察风力使彩色羽毛飞起来的高度。

玩法四：用嘴巴吹、打气筒打气、扇扇子三种方式探索不同的方式使闪光纸飞起的效果。（图2-20）

图2-19 神秘探风箱制作

图2-20 神秘探风箱游戏

3. 操作应用二：风的旅行

（1）制作步骤

第一步：采用废旧木箱和废旧可乐瓶、管子制作而成。先在木箱的顶部切割五个圆洞，将空瓶子倒放于空洞中。

第二步：空瓶子里放上不同的风可吹动的材料，如气球、风车、泡沫球、胡子玩具等，再将各色水管和瓶子连接固定即可。（图2-21）

（2）具体玩法

我从这边吹过去的风，它会在哪里出现呢？即使我看不见我吹的风去了哪里，可它依然会带动风车旋转，让气球变大，让小球飞舞，让卷曲的纸变直……让幼儿猜一猜，想一想，哪根水管里吹出的风可以使哪个瓶子里的玩具动起来。

图2-21 风的旅行制作

4. 操作应用三：吹气隧道

（1）制作步骤

将废旧矿泉水瓶切割成两半，再将半边瓶子固定在小木块上即可。幼儿可以将赛道设在任意的地方，进行任意的组合搭配，形成小球跑道。

（2）具体玩法

幼儿可以将球放上跑道，用力一吹，小球是否会跟着设计的跑道路线向前滚动呢？小球滚动时都是走直线吗？不同的小球滚动的快慢速度一样吗？幼儿可根据观察或发现提出值得继续探究的问题并进行验证。（图2-22）

图2-22 吹气隧道游戏

（四）系列四：玩磁力

1. 活动目标

（1）认识磁铁并感知磁铁异极相吸、同极相斥的特性，获取有关磁铁的直接经验。

（2）通过实验发现磁力能穿透各种材料。

2. 操作应用一：磁粉跟我走

（1）制作步骤

第一步：空矿泉水瓶子加上废弃的铁粉，瓶子里加上水。

第二步：提供几块大小不同的磁铁，瓶内的材料可以随意更换为任何金属材料。

（2）具体玩法

瓶子里装有铁粉，幼儿用磁铁吸起铁粉跟着自己的轨迹运行。（图2-23）

图2-23 磁粉跟我走游戏

3. 操作应用二：磁力小车

（1）制作步骤

小车由废旧木块和瓶盖简单组装制作而成。先在小车的顶端放置一块磁铁，再放置一块磁铁在另一个小木块上。（图2-24）

（2）具体玩法

利用磁铁异极相吸、同极相斥的原理，手拿小木块就能推动小车向前或向后跑动。

图2-24 磁力小车制作

4. 操作应用三：吸吸乐

（1）制作步骤

采用厚木板制作，在木板上切割出六个大小相同的圆洞，放上不同材质的常见物品，在正反面分别使用魔术贴粘贴上塑料纸。（图 2-25）

（2）具体玩法

用磁铁吸一吸，观察六个格子内的物品哪些能被磁铁吸起来，让幼儿感知磁力的作用和可以与磁铁相吸的物品。

图 2-25 吸吸乐制作

（五）系列五：玩声音

1. 活动目标

（1）了解声音是怎样产生的，知道不同的材质振动可以产生不同的声音。

（2）引导幼儿了解声音是多种多样的，探索、辨别不同材质的物体能发出不同的声音。

2. 操作应用：声音隧道

（1）制作步骤

第一步：操作板为木板制作，分为正反两面，木板的一面使用不同材质的管子（钢管、木管、纸管等）和弯头形成一条连续的路线。

图 2-26 声音隧道制作

第二步：操作板的另一面为可组合、可拆卸的设计，利用魔术贴的勾面和毛面，将不同材质的管子粘贴起来，自由组合成不同的路线。（图 2-26）

（2）具体玩法

玩法一：自由选择不同材质的管道进行拼接，探索珠子怎样顺利滚入管道并自然下落。

玩法二：利用不同材质管道的特性，在拼接管道的基础上，将珠子从第一个管道口放入，分辨珠子滚入不同管道时发出的不同声音。

（六）系列六：玩电

1. 活动目标

（1）探索基本电路的组成要素，体验电路游戏的快乐。

（2）了解电路玩具需要的必需条件，探索电池的正负极。

2. 操作应用一：电棒闯关

（1）制作步骤

第一步：在木块上切割出不同方向的空格，将电线顺着空格以迷宫形式缠绕。

图 2-27 电棒闯关制作　　　　图 2-28 电棒闯关游戏　　　　图 2-29 静电箱制作

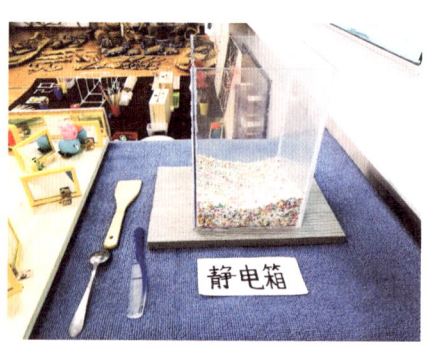

第二步：电线的两头连接上小灯泡、蜂鸣器和电池，闯关的电棒由两根铁丝制作而成。（图 2-27）

（2）具体玩法

用电棒悬空在电路迷宫中划过，当手中的负极电线与迷宫的正极电线相碰时会使警报器亮起灯，从而必须控制好手中电棒的平衡。（图 2-28）

3. 操作应用二：静电箱

（1）制作步骤

将透明的亚克力板四周粘贴固定成箱子，再将泡沫球放入箱子内。（图 2-29）

（2）具体玩法

准备几根不同材质的小棒，将小棒在身上摩擦后靠近箱子，观察什么材质能产生静电吸引泡沫球。

五、案例小结

玩教具集探究性、教育性、综合性于一体，除了能激发幼儿科学探究的兴趣和潜能之外，还能促进幼儿五大领域的综合发展。上述案例中的玩教具不仅在设计上充分体现了多功能性、可操作性、有趣味性等原则，而且还能通过实际操作充分培养幼儿合作、专注及不怕困难和失败等良好的心理素质和学习品质，使教师在科学制作中得到专业发展，使幼儿在科学游戏中愉悦徜徉，引导幼儿与材料进行充分有效的互动，让幼儿真正悟科学、学科学、用科学。

六、所获奖项

全国幼儿园优秀自制玩教具一等奖；贵州省幼儿园优秀自制玩教具一等奖；遵义市幼儿园优秀自制玩教具一等奖。

案例 2　趣味沙滩

遵义市凤冈县第二幼儿园　练励　娄方莉　马义俐

一、设计思路

　　沙、水、石是源于大自然中的元素，是大自然馈赠给孩子最好的"礼物"，也是我们能给孩子最简单、最朴实的"玩具"。孩子天性喜欢玩水玩沙，它们可以给孩子带来无穷的乐趣，孩子可以根据自己的意愿随意玩耍。孩子在玩耍中能尽情地感受、尝试、探索，在游戏的过程中能创造一个更好的世界，更能构建一个更好的自己。抓住孩子的这一特点，也为了满足幼儿强烈的好奇心和探索欲望，我们以沙、水、石为基本材料，围绕贴近幼儿生活的四大类科学现象（力、光影、水、磁力），充分考虑自制玩教具的低结构、安全性、趣味性、教育性、环保性等特点，遵循为幼儿制作能操作、一物多玩的科学类综合系列玩教具的原则来进行设计。因此，该套玩教具可组合、可拆分玩耍，打破了传统的科学类玩教具单一、固定的玩耍模式，让幼儿在玩耍的过程中去了解科学现象，理解、掌握科学知识，探寻科学的奥秘。

二、教学总目标

　　1. 感知并探索力学、光与影（皮影游戏）、棋类、沙、水等的特性，对科学游戏感兴趣，在游戏中获取相关的科学经验。

　　2. 通过玩耍、摆弄玩具进行猜想、实验、记录、观察比较与检验分析，明白实验和验证对科学探究的重要性。

　　3. 通过科学探究进行游戏、学习和解决问题，为自己的探索发现感到兴奋和满足，体验科学游戏带来的乐趣，从小萌发对科学的热爱。

三、工具与材料

　　1. 玩轨道系列材料（工具）准备：PV 管道、废旧水管、PV 板、废旧水管、木板、纸板、纸杯、筷子、KT 板、稻草、滑轮、彩色即时贴、白乳胶、小车、各种材质的小圆球、布、魔术贴、弹力球、皮筋、记录本、笔等。

　　2. 玩沙水系列材料（工具）准备：小鱼、海星、小树、小车、小动物、动漫小人物、房屋搭建积木、桥梁、公路、木板、沙、水、磁铁、瓶盖、滑轮、筷子、KT 板、报纸、小铲子、小杯子、漏斗、塑料纸、螺丝、钉子、小石头、小沙发、上水器、盛水器、色素、吸管、洗衣粉、肥皂、吹泡泡的工具、钓鱼工具、各种材料的纸、橡皮泥、树叶等沉与浮的材料及记录本和笔。

　　3. 玩光影系列材料（工具）准备：废旧水管、纱布、电筒、话筒支架、自制投影玩具等。

4. 玩棋类系列材料（工具）准备：各种颜色的小石头、棋盘、鞋盒等。

5. 玩弹弓系列材料（工具）准备：细水管、架子、魔术贴、靶子布、皮筋、弹力球等。

四、活动案例

（一）系列一：玩轨道

码2-3 趣味沙滩教学视频1

1. 活动目标

（1）感知物体在螺旋管中滚落时的状态。

（2）观察物体在不同的滑道中滚落的不同轨迹。

2. 操作应用一：螺旋管轨道

（1）制作步骤

第一步：将PV管切割成80 cm长，装订在直径为40 cm的木板上，在木板下面安装滑轮，方便游戏材料移动使用。

第二步：将废旧透明水管绕S线固定在高80 cm的PV管上。（图2-30）

（2）具体玩法

堵住透明水管底部出口，将小球从透明管道入口放入，观察小球从透明管道滚落时，不同材质小球的滚落速度不同，滚动发出的声响也不同。

3. 操作应用二：玩滑道

（1）制作步骤

第一步：用木板制作长1 m、宽80 cm、高12 cm的无盖长方体，方便球、小车从轨道上下来后再一次实验用，并在无盖长方体底部的4个顶点处安装滑轮，方便移动。

第二步：将木板切割成长60 cm、宽12 cm、高8 cm的U形滑道。

第三步：用KT版做适合长60 cm、宽12 cm的U形滑道的滑倒面。再利用三角形的圆柱体、稻草、纸杯等材料做不同的轨道面。（图2-31）

图2-30 螺旋管轨道场景　　　　　　　　图2-31 玩滑道场景

（2）具体玩法

玩法一：将小球从等高的轨道面（轨道面可自由更换）滑梯滚下，观察不同的小球的滑动轨迹及滑动速度。（图2-32）

玩法二：将小球从不等高的轨道面（轨道面可自由更换）滑梯滚下，观察小球的滑动轨迹及滑动速度。（图2-33）

玩法三：将小车放在等高的两两相同轨道面（轨道面可自由更换）滑梯上滑下，观察小车的滑动状况、轨迹及滑动速度。（图2-34）

玩法四：将小车放在不等高的两两相同轨道面（轨道面可自由更换）滑梯上滑下，观察小车的滑动状况、轨迹及滑动速度。（图2-35）

玩法五：将立体透明管道和滑道组合（轨道面可自由更换），延伸滑梯的长度，从透明管道高入口掷球，观察小球不同的滚动轨迹。掷球用的力量不一样，小球的滚动速度可能也不一样。球的重量不一样，小球的滚动速度可能也不一样。（图2-36）

图2-32 玩滑道游戏玩法1

图2-33 玩滑道游戏玩法2

图2-34 玩滑道游戏玩法3

图2-36 玩滑道游戏玩法5

图2-35 玩滑道游戏玩法4

61

（二）系列二：玩沙水

1. 活动目标

（1）感知沙的特性，初步探索磁铁的穿透性和吸铁性。

（2）在玩水的过程中，感知水的折射和水的穿透性等。

（3）感知物体在水中的沉浮现象，探索怎样让沉在水底的物体浮上水面，怎样让浮在水面上的物体沉到水底。

2. 操作应用一：玩沙

（1）制作步骤

第一步：用木板制作长 1 m、宽 80 cm、高 12 cm 的无盖长方体，在其底部的 4 个顶点处安装滑轮，方便移动。

第二步：将沙放进无盖的长方体内，利用小铲子、小杯子、漏斗、小鱼、海星、小树、小车、小动物、动漫小人物、房屋搭建积木、桥梁、公路、木板、磁铁、瓶盖等材料感知沙的流动性与可塑性，还可以进行沙盘游戏。（图2-37）

图2-37 玩沙场景

（2）具体玩法

玩法一：可以用漏斗、小桶、小铲、海螺、贝壳、磁铁、带铁的小鱼等工具单独玩沙、玩磁铁，感知沙的特性，了解磁铁的穿透性和吸铁性。（图2-38）

玩法二：利用小树、小车、房屋小积木、公路模型等材料进行沙盘游戏操作，从中感知道路交通安全，还可以根据操作出的情景进行创编和讲述故事。（图2-39）

图2-38 玩沙游戏玩法1　　图2-39 玩沙游戏玩法2

3. 操作应用二：玩水

（1）制作步骤

第一步：用铁皮制作长 80 cm、宽 60 cm、高 12 cm 的无盖长方体做盛水器，在其底部的 4 个顶点处安装滑轮，方便移动。

第二步：将水放进盛水器内，利用上水器、盛水器、色素、吸管、

码2-4 趣味沙滩教学视频2

洗衣粉、肥皂、吹泡泡的工具、钓鱼工具、各种材料的纸、橡皮泥以及树叶等沉与浮的材料，感知水的流动性、溶解性等特性，并用笔在记录本上记录下来。（图2-40）

图2-40 玩水场景

（2）具体玩法

玩法一：利用钓鱼工具钓鱼，感知数数、序数，初步感知磁铁的吸铁性等，并做记录。（图2-41）

玩法二：利用石头、小鱼、贝壳、小球等材料探索10以内数的分解与组成，并记录下来，了解整体与部分的关系。（图2-42）

玩法三：利用筷子、小木棒、稻草等材料在水里做实验游戏，感知水的透明和水的折射。（图2-43）

玩法四：利用各种纸（报纸、皱纹纸、卫生纸、海绵纸、食盐等）在水里做实验游戏，感知水的穿透性及水的溶解性。（图2-44）

玩法五：利用树叶、橡皮泥、筷子、金箔纸、勺子、石头等材料感知物体在水中的沉浮现象，探索怎样让沉在水底的物体浮出水面，怎样让浮在水面上的物体沉到水底。

图2-41 玩水游戏玩法1

图2-42 玩水游戏玩法2

图2-43 玩水游戏玩法3

图2-44 玩水游戏玩法4

（三）系列三：玩棋类

1. 活动目标

（1）探索三子棋、四子棋、五子棋、跳棋、飞行棋等幼儿棋类的走法。

（2）在玩棋类的过程中，通过观察、分析，探究和判断棋的走向。

2. 操作应用一：玩棋

（1）制作步骤

第一步：用 PV 板制作长 80 cm、宽 40 cm 的长方形棋盘，放在装沙的无盖长方体上。

第二步：用各种颜色的大、小石头当棋子进行棋类游戏。（图 2-45）

（2）具体玩法

先组装"棋盘"，然后幼儿可以自由探索三子棋、四子琪、五子棋、飞行棋、跳棋等幼儿棋的奥秘。（图 2-46）

图 2-45 玩棋场景　　　　　　　　图 2-46 玩棋游戏

（四）系列四：玩光与影

1. 活动目标

（1）通过玩皮影游戏，探究光的折射、反射等效果。

（2）了解光照射的远近和物体成像大小的关系，感知光的动态成像效果。

2. 操作应用一：玩皮影

（1）制作步骤

第一步：用几根细水管搭建制作长 10 cm、宽 80 cm 的架子，将长方形的屏幕布展开。

第二步：用电筒、支架、自制人物和动物等材料进行光与影的游戏。（图 2-47）

（2）具体玩法

先组装"皮影"，然后幼儿可利用自制皮影人物、动物、电筒等材料自由探索光与影的奥秘。（图 2-48）

图 2-47 玩皮影场景　　　　　　　　　图 2-48 玩皮影游戏

图 2-49 玩弹弓场景　　　　　　　　　图 2-50 玩弹弓游戏

（五）系列五：玩弹弓

1. 活动目标

（1）通过玩弹弓的游戏，探索皮筋的拉力大小。

（2）感知拉力与弹射力的关系。

2. 操作应用一：玩弹弓

（1）制作步骤

第一步：用几根细水管搭建制作长 80 cm、宽 60 cm 的架子，将粘有魔术贴的长方形靶子布展开。

第二步：再把皮筋拉到幼儿合适的高度位置。（图 2-49）

（2）具体玩法

先组装"弹弓"，然后幼儿可以用粘有魔术贴的弹力球、皮筋探索弹力的奥秘。（图 2-50）

四、案例小结

"趣味沙滩"是以科学领域为主的一款玩教具，适用于 3~6 岁幼儿。此款玩教具设计的初衷是培养幼儿的科学探究兴趣，通过幼儿在游戏中通过触摸、探索、建构、比较、发现等，引导幼儿直接感知、亲身体验和动手操作，初步探索生活中沙、水、力、光与影等的奥秘，感受生活中有趣的科学现象，提高幼儿的观察力、思维能力、创造力以及动手操作能力，激发幼儿对科学的兴趣。全套玩教具见图2-51所示。

六、所获奖项

贵州省幼儿园优秀自制玩教具二等奖；遵义市幼儿园优秀自制玩教具二等奖。

图 2-51 趣味沙滩玩教具全景

拓展练习

一、简答题

1. 科学类玩教具的制作材料建议是什么？
2. 教师在制作与应用科学类玩教具时应结合儿童哪些学习与发展规律？
3. 科学类玩教具设计与制作的要点有哪些？
4. 科学类玩教具应用与指导的要点有哪些？

【答案解析】略。

二、论述题

1. 结合本章经典案例分析，举例说明科学类玩教具制作与应用的基本思路。
2. 结合本章具体实例，分析实例中科学类玩教具制作与应用的优点和不足，并根据存在的问题提出合理的建议。

【答案解析】略。

综合实训

1. 根据本章所学内容，以小组为单位，利用身边的自然材料和废旧材料等，组内自己选材，为3~6岁幼儿设计制作一套科学类玩教具，体现多玩法、多功能和耐用性等特点，并写出作品名称，适合年龄段，设计思路，教育目标，工具材料，活动案例（活动目标、制作步骤、具体玩法），小结与反思等，下次课前以小组为单位进行展示与评析。

2. 选择一所幼儿园，尝试为该园设计制作一个适合大班幼儿使用的科学类玩教具，并写出使用方法和指导要点。

【答案解析】略。

第三章
益智类玩教具的制作与应用

【学习目标】

1. 了解益智类玩教具制作与应用的理论基础。
2. 熟悉益智类玩教具制作与应用的核心经验及材料建议。
3. 掌握益智类玩教具设计制作的要点及应用与指导要点。
4. 通过案例分析与讨论，能理论联系实际，熟悉并掌握益智类玩教具制作与应用的基本思路，并能迁移创新，提高资源整合能力和主动解决问题的能力，培养选择、批判并建构课程的观念和能力。

【学习重难点】

学习重点：

益智类玩教具制作与应用的理论基础；益智类玩教具制作与应用的核心经验及材料建议；益智类玩教具设计制作的要点及应用与指导要点；益智类玩教具制作与应用的基本思路。

学习难点：

通过案例分析与讨论，能理论联系实际，熟悉并掌握益智类玩教具制作与应用的基本思路，并能迁移创新，提高资源整合能力和主动解决问题的能力，培养选择、批判并建构课程的观念和能力。

【情景导入】

又到区域游戏活动的时间了，最近益智区里添加了好多拼图、纸牌和棋类玩具。孩子们三五个结伴迫不及待地来到了益智区。涵涵和露露从玩具柜里拿出了纸牌："这里有扑克牌，我看见奶奶玩过，我们一起玩吧。"于是两个人把牌放到了中间，轮流摸牌再出牌，边出边念纸牌上的数字，一会儿就把手上的牌出完了；浩浩兴奋地拿着一块拼图玩起来，可是拼了好一会儿也拼不出来，他心不在焉地摆弄着，不时地望着玩其他游戏的孩子；涛涛和两个孩子在玩飞行棋，不一会儿就听见孩子们向老师投诉：涛涛一点儿也不知道遵守游戏规则，每次还没轮到他，他就开始走，并且每次都要多走几步，我们不想和他玩了……

在幼儿园的益智区区域活动中，大多数教师往往只注重现成的区域材料投放，对于益智区玩教具在制作和应用时应促进幼儿哪些核心经验的发展，如何选择制作材料、制作和应用要点有哪些，教师又该如何对幼儿的活动进行科学指导等困惑颇多。

本章要讨论的正是益智类玩教具制作与应用要点，以及相应的案例分析。

第一节 益智类玩教具制作与应用要点

益智类玩教具的制作与应用主要围绕理论支持、儿童学习与发展核心经验、制作材料建议、设计与制作要点、应用与指导要点五个层面进行详细论述。（表3-1）

表3-1 益智类玩教具制作与应用要点

要点维度	具体内容
理论支持	《专标》中提道：合理利用教育资源，为幼儿提供和制作适合的玩教具和学习材料，引发和支持幼儿的主动活动。 《纲要》指出：要结合和利用生活经验，引导幼儿利用身边的物品和材料开展活动，发现物品和材料的多种特性与功能；引导幼儿关注周围环境中的数、量、形、时间、空间关系，发现生活中的数学。 《指南》在科学领域方面关于数学认知提出：初步感知生活中数学的有用和有趣；感知和理解数、量及数量关系；感知形状与空间关系。
儿童学习与发展核心经验	小班：对益智玩教具感兴趣，能积极进行操作活动；能运用多种感官观察、比较、辨别物体和图片，并能根据相同的外部特征进行配对或进行物体的镶嵌，初步理解事物之间的关系。 中班：喜欢操作益智玩教具和材料，体验动脑思考和动手操作的乐趣；能用多种感官感知、比较、辨别各种物品的特征，感知物体整体和部分的关系，能进行多块的物体镶嵌和拼图游戏；能尝试按物体的两个特征将相应的图片进行分类、配对和排序。 大班：能操作具有一定挑战性的益智玩教具和材料，能在活动中进一步增强专注力、观察能力和思维能力；能从不同角度、不同方向观察同一件物品，能进行多块的物体镶嵌、拼图和迷宫游戏；能尝试按物体两个以上特征进行分类和推理排序；喜欢参与规则性、竞争性游戏，如棋类游戏等，激发竞争意识和自信心，形成规则意识；喜欢制作简单的益智玩教具。
制作材料建议	1.根据幼儿的游戏兴趣、现状和发展水平，创造性地利用各种自然材料、废旧材料、工具性材料等。如：纸质材料（纸箱、纸盒、报纸、纸杯、纸盘、卡纸等），木质材料（木板、木块、木条等），竹制材料（竹筒、竹块、竹竿等），塑料材料（瓶子和瓶盖、各种粗细的吸管和管子等），工具性材料（珠子、绳子、夹子、纽扣、大头针、计算器等）。 2.根据不同的活动类型和活动目标，提供丰富的材料。如：自我矫正功能的活动，可提供分类排序的相关材料；发展幼儿想象力和创造力的构图活动，可提供纸板、木板、皮筋、图钉等材料做成构图玩教具；为幼儿提供有固定玩法的材料，如：螺丝钉和螺母、钥匙和锁等。 3.在制作材料的选择和开发上，教师应紧扣各年龄段幼儿益智区的核心经验。

续表

要点维度	具体内容
设计与制作要点	1. 玩教具的制作要注重发展幼儿的思维能力，应与幼儿的数学认知有关，如认识数的概念，分类排序，感知图形等分以及拼摆等方面。 2. 根据材料的特点合理使用制作方法，玩教具的工艺不追求复杂，但要遵循科学性和安全性，对于木质或竹制品玩教具，一定要精细、牢固，便于幼儿操作。 3. 每一件玩教具都应该注重幼儿的参与性和互动性，应有一定的教育性，功能和玩法尽量多样丰富。 4. 鼓励幼儿积极加入制作玩教具的活动中，让他们在用大脑和小手创造的过程中感知数学知识，通过孩子的亲身探索、动手操作和丰富的想象，以及对不同颜色、材质的感知来提高他们对外在环境敏锐的思考力、观察力和想象力。
应用与指导要点	1. 根据需要可以在数学集中教学活动或者益智区区域活动中投放益智类玩教具。 2. 引导幼儿自主探索玩教具及材料的玩法，支持和鼓励幼儿在活动过程中积极动手操作、动脑思考和寻找解决问题的办法，支持幼儿与同伴合作探究、交流分享。 3. 适时适度进行玩教具的操作演示、图片提示、语言指导，用正确、灵活多样的方法对不同玩教具的使用方法和规则进行指导。 4. 及时关注幼儿在游戏中对各种玩教具玩法的掌握情况和执行游戏规则的情况，根据幼儿不同年龄特点和水平进行相应的材料投放，并对幼儿的活动情况进行多样化评价，让每个幼儿都能在游戏中实现数学认知核心经验的发展。

第二节 益智类玩教具制作与应用案例

基于上节中益智类玩教具制作与应用要点分析，本小节主要对幼儿园教育教学实践中四个益智类玩教具制作与应用经典案例进行探讨，具体案例呈现如下：

案例1 "棋"思妙想

遵义市实验幼儿园　贺媛娜　周禹

一、设计思路

"'棋'思妙想"是一套比较系统成套的益智棋类组合，种类丰富，具有贵州特色，取材简便，安全、经久耐用、制作成本低，还具有趣味性和娱乐性。这套益智棋类玩教具玩法多样，可拓展延伸出各种玩法，能够开发幼儿智力，培养幼儿的逻辑思维能力和想象力，锻炼幼儿的观察力、注意力、记忆力等，方便幼儿操作，涉及领域广泛，非常适合3~6岁的幼儿操作。

二、教学总目标

1. 认识不同的棋类游戏，对棋类游戏感兴趣。
2. 通过棋类游戏活动，促进思维能力发展，培养观察力和注意力，提高专注力、想象力和创造力。
3. 尝试创造出棋的不同玩法，具有一定的规则意识，能与同伴愉快游戏。

三、工具与材料

簸箕、竹子、废旧布料、旧珠子、废旧竹席、颜料、木板、无纺布、葫芦、鹅卵石、纽扣、泡沫板、蓝色天鹅绒布、旧坐垫、木块、羽毛球、废旧民族蜡染布、松果、水管、磁铁、乒乓球、废旧气球柄、瓶盖、魔术贴、吸管、棉花、竹片、螺丝、木夹子、彩色丝带等。

四、活动案例

1. 活动目标

（1）通过棋类游戏活动，培养观察力和专注力，合作能力，树立规则意识。
（2）乐意参与棋类游戏，体验棋类活动的乐趣。

2. 操作应用一：竹棋

（1）制作步骤

第一步：用花布在簸箕四周包边。
第二步：将竹筒锯成长 5 cm 的小节，打磨光滑，在簸箕里用线拉上方格，摆上竹筒做棋盘。
第三步：用竹筒当棋筒，用废布条包裹珠子做棋子。（图3-1）

（2）具体玩法

此棋可供两人进行游戏，幼儿自行选择一种颜色的棋子，通过猜拳决定谁先进行游戏，赢的一方在棋盘上布自己的棋子，最先布完自己棋子的获胜。（图3-2）

图3-1 竹棋制作 　　　　　　图3-2 竹棋游戏

3. 操作应用二：快乐购物棋

（1）制作步骤

第一步：在 1.5 m×2 m 的旧竹席上用颜料画上购物篮子和蔬菜、鱼等图案。

第二步：在 10 cm×5 cm 的长方形木块上画上 1~4 个圆点当作钱币。

第三步：用无纺布制作骰子。（图 3-3）

（2）具体玩法

此棋可供 1~4 人玩耍，幼儿自行选择一种颜色的购物篮子，拿上 1~4 元金额不同的钱币，站到与购物篮子颜色相同的起点处，根据掷出的骰子点数决定前进步数，走到相应的物品处，拿出对应物品价钱的钱币，放到自己的购物篮对应的物品处，先用最少的钱买满自己购物篮中预设的四样物品者获胜。（图 3-4）

图 3-3 快乐购物棋制作

图 3-4 快乐购物棋游戏

4. 操作应用三：多功能棋

（1）制作步骤

第一步：将黑色和白色无纺布裁剪成正方形，按照颜色交替拼接缝制成 92 cm×92 cm 的棋盘。

第二步：在葫芦上用红笔和黑笔画上国际象棋的图案做棋子。

第三步：在鹅卵石上用颜料涂成黑色和白色，并画上花纹做棋子。（图 3-5）

（2）具体玩法

玩法一：同国际象棋玩法。（图 3-6）

玩法二：可以两人同时进行游戏，分别使用鹅卵石制作的黑色和白色棋子，下在棋盘直线与横线的交叉点上，先形成 5 子连线者获胜。（图 3-7）

图 3-5 多功能棋制作

图 3-6 多功能棋游戏玩法 1　　　　　　图 3-7 多功能棋游戏玩法 2

5. 操作应用四：西瓜棋

（1）制作步骤

第一步：用花布在簸箕四周包边，在簸箕里涂上蓝色颜料。

第二步：用旧布条贴出西瓜棋棋盘，用彩色纽扣当棋子。（图 3-8）

（2）具体玩法

此棋可供两人玩耍，幼儿自行选择一种颜色的棋子，将棋子各 6 颗在棋盘上摆放好，摆放形式如图：，通过猜拳决定谁先进行游戏，双方轮流在棋盘的交叉点上移动自己的棋子，每子沿线走一步，三子连成一圈，围住对方一子就可以吃掉。一方的棋子被吃光为负。

6. 操作应用五：糖果棋

（1）制作步骤

第一步：将一个直径约 1 m 的废旧坐垫用蓝色天鹅绒布进行包裹，当作棋盘。

第二步：在泡沫板上画不同颜色的糖果当棋子，并进行切割。

第三步：在木块的六面上画不同的颜色当作骰子。（图 3-9）

（2）具体玩法

此棋可供 1~8 人玩耍，通过猜拳决定谁先进行游戏，根据掷骰子掷出的 3 种颜色，迅速找出与骰子 3 种颜色相对应的糖果，最先找满 6 颗糖果的获胜。（图 3-10）

图 3-8 西瓜棋制作　　　　图 3-9 糖果棋制作　　　　图 3-10 糖果棋游戏

7. 操作应用六：跳棋

（1）制作步骤

第一步：用花布在簸箕四周包边，在簸箕里涂上白色颜料，画上6种颜色的六角星形棋盘。

第二步：将羽毛球涂上6种颜色当棋子。（图3-11）

（2）具体玩法

此棋可以由2~6人同时进行游戏，棋子分为6种颜色，每种颜色6枚棋子，每一位玩家拥有一种颜色的棋子，可以利用"相邻跳""连续跳"等方法进行游戏，谁先把对方的阵地全部占领，谁就取得胜利。（图3-12）

图3-11 跳棋制作　　　　图3-12 跳棋游戏

8. 操作应用七：九子棋

（1）制作步骤

第一步：用废旧民族蜡染布做底，将无纺布剪成条，缝制简单的图案做棋盘。

第二步：将松果涂上橙、红、蓝、绿4种颜色做棋子。（图3-13）

（2）具体玩法

此棋可供两人玩耍，幼儿自行选择一种颜色的棋子，分别将9颗棋子在棋盘上摆放好，可以摆放在任何位置，通过猜拳决定谁先进行游戏，双方轮流在棋盘的交叉点上移动自己的棋子，每次只能向相邻的空交叉点移动一步，布棋和下棋时3颗棋子连成一条线，方向可以为横、竖、斜，就可以"吃"掉对方的任意1颗棋子，最先"吃"掉对方7颗棋子或对方所有棋子不能移动时便可获胜。（图3-14）

图3-13 九子棋制作　　　　图3-14 九子棋游戏

9. 操作应用八：迷宫棋

（1）制作步骤

第一步：用花布在簸箕四周包边，在簸箕里用扎带把水管固定，将磁铁粘贴在水管上，并在磁铁旁边写上数字当棋盘。

第二步：用花布在棕垫四周包边，将棕垫粘贴在簸箕上当棋盘。

第三步：把葫芦涂上橙色和紫色当棋子。（图3-15）

（2）具体玩法

此棋可供两人玩耍，幼儿自行选择一种颜色的棋子，通过猜拳决定谁先进行游戏，从数字1开始，按照自己选择的棋子颜色的路线进行游戏，先走到数字15者获胜。（图3-16）

10. 操作应用九：乒乓球回家

（1）制作步骤

第一步：将红、蓝、黄、绿4种颜色的气球柄粘贴在簸箕里，写上起点和终点当棋盘。

第二步：把乒乓球涂上红、蓝、黄、绿4种颜色当棋子。（图3-17）

（2）具体玩法

此棋可供2~4人玩耍，幼儿自行选择一种颜色的棋子，通过猜拳决定谁先进行游戏，赢的一方从起点开始，按照自己选择的棋子颜色的路线进行游戏，如有两人以上游戏，赢的一方再选择另外一方进行猜拳决定游戏先后次序，先走到终点者获胜。（图3-18）

图3-15 迷宫棋制作

图3-16 迷宫棋游戏

图3-17 乒乓球回家制作

图3-18 乒乓球回家游戏

图 3-19 五子棋制作　　　　　　　　图 3-20 五子棋游戏

11. 操作应用十：五子棋

（1）制作步骤

第一步：用花布在簸箕四周包边，在簸箕里绘制五子棋棋盘。

第二步：把废旧瓶盖涂上黑色和白色当棋子。（图 3-19）

（2）具体玩法

此棋可供两人玩耍，幼儿自行选择一种颜色的棋子，通过猜拳决定谁先进行游戏，双方轮流在棋盘的交叉点上布自己的棋子，5 颗棋子连成一条线，方向可以为横、竖、斜，5 颗棋子最先连成一条线者获胜，在棋盘上以对局双方均不可能连成 5 颗棋子为和棋。（图 3-20）

图 3-21 双面游戏棋制作 1

12. 操作应用十一：双面游戏棋

（1）制作步骤

第一步：将木板制作成一个高约 1 m 的架子，将无纺布缝制在木板上。

第二步：将彩色无纺布裁剪成小块写上数字，剪成箭头粘贴在大无纺布上。

第三步：将打印的贵州名胜古迹和有关安全的图片粘贴在大无纺布上。

第四步：将魔术贴剪成小块粘贴在数字旁边。

第五步：用无纺布制作色子，用无纺布和棉花制作民族娃娃和兔子当棋子，用红色卡纸制作红旗。（图 3-21、图 3-22）

图 3-22 双面游戏棋制作 2

（2）具体玩法

玩法一：多彩贵州旅游棋——此棋可供两人玩耍，游戏双方各拿一个民族娃娃当棋子，用掷色子的方法决定前进步数，途中经过陷阱停玩一次，经过旅游景点奖励红旗两面，先走到终点者获胜。（图3-23）

玩法二：交通安全游戏棋——此棋可供两人玩耍，游戏双方各拿一只兔子当棋子，用掷色子的方法决定前进步数，走到相应的交通标志图片处，根据规则前进或后退，先走到终点者获胜。（图3-24）

13. 操作应用十二：四面游戏棋

（1）制作步骤

第一步：用竹子和螺丝制作一个四面立体架子，把无纺布粘贴在竹架上做四块游戏棋盘。

第二步：把无纺布裁剪制作成各种棋类游戏，粘贴在棋盘上。

第三步：用无纺布和棉花缝制蘑菇和兔子当棋子。

第四步：把彩色丝带和木架子制作成挂绳，拴在竹架子上。

第五步：用无纺布制作色子。（图3-25、图3-26）

（2）具体玩法

此棋可四面同时玩耍，幼儿根据四面不同的游戏内容，每一面可供两人玩耍，游戏双方各拿一个棋子，用掷色子的方法决定前进步数，根据规则前进或后退，先走到终点者获胜。（图3-27、图3-28）

图 3-23 多彩贵州旅游棋游戏

图 3-24 交通安全游戏棋游戏

图 3-25 四面游戏棋制作1

图 3-26 四面游戏棋制作2

图 3-27 四面游戏棋游戏 1　　　　　　　　图 3-28 四面游戏棋游戏 2

五、案例小结

"棋"思妙想种类丰富，结合贵州特色和中国民间棋类、自创幼儿游戏棋类，利用各种废旧材料和布类创作的既有立体又有平面的玩教具作品，取材多来自自然物和废旧物，"棋"思妙想组合巧妙地将教育内容渗透到棋类游戏当中，涉及语言、社会、科学、艺术、健康等领域，可以开发幼儿的智力潜能，提高幼儿思维的敏捷性、严密性，培养幼儿的逻辑思维能力和想象力，以及分析推理、判断、计划等多种能力，锻炼幼儿的观察力、注意力、记忆力、想象力、分析判断力，还可以促进幼儿交往能力的提升，在想想玩玩中思维能力就得到了发展。

六、所获奖项

全国幼儿园优秀自制玩教具一等奖；贵州省幼儿园优秀自制玩教具二等奖；遵义市幼儿园优秀自制玩教具一等奖。

案例 2　瓶盖王国

遵义市播州区实验幼儿园　程黔辉　代蕾蕾　雷旭

码 3-1 瓶盖王国教学视频 1

一、设计思路

"瓶盖王国"主要应用于科学领域，通过动手操作，发展幼儿的观察能力、合作能力、手眼协调能力以及精细动作技能，让幼儿在游戏操作时发展字图对应、物品分类以及比较数的大小的能力和体验数学的乐趣，同时提高幼儿迅速反应的能力，让幼儿在玩中学、学中乐、乐中长，体验玩具的多变性和趣味性。这套玩教具利用废旧物品制作而成，安全、环保、健康，易操作，易清洗和消毒，设计新颖，一物多变，一物多玩，符合3~6岁幼儿年龄特点，适用于户外活动和室内教学活动。

二、教学总目标

1. 感知数字给生活、学习带来的便捷。
2. 体验手脑结合带来的乐趣。
3. 体验益智游戏带来的无限乐趣，激发幼儿探究的欲望。

三、工具与材料

木板、瓶盖、球杆、瓶盖转盘、乒乓球、矿泉水瓶、分类图片（根据课程需要选择）、十二生肖图片、十二生肖字卡、数字卡片、软磁铁、塑料瓶、吸管、自制棋布、塞子、磁铁、鱼竿、剪刀、卡纸、记号笔等。

四、活动案例

（一）游戏一：好玩的台球

1. 活动目标

锻炼幼儿的迅速反应能力，锻炼幼儿手臂的灵活度。
培养幼儿在游戏中的合作意识。

2. 制作步骤

第一步：将木板按照尺寸装订成台球桌的样式，以便作为工具台操作使用。
第二步：制作台球桌。在台球桌上钻6个孔，在孔下面加上接球的口袋，就形成了好玩的台球桌，将瓶盖作为球，在上面根据课程需要添加相应的数字或者图片。

3. 具体玩法

两个幼儿或多个幼儿一起玩，老师根据课程需要，提供对应的球，幼儿自行商量玩法。例如，可以分单双数，一个打单数，一个打双数，进球多者为胜。（图3-29）

（二）游戏二：弹一弹

1. 活动目标

（1）锻炼幼儿手指的灵活性。

（2）体验进球的乐趣。

2. 制作步骤

第一步：将木板按照尺寸装订成台球桌的样式，以便作为工具台操作使用。

第二步：准备相应的瓶盖，放在台球桌上备用。

3. 具体玩法

两个或者多个幼儿一起玩，幼儿自己商量游戏规则，将制作的瓶盖弹进台球桌上的洞里，弹进瓶盖多者获胜。（图3-30）

图 3-29 好玩的台球

（三）游戏三：大转盘（"大吃小"游戏）

1. 活动目标

（1）培养幼儿初步的规则意识。

（2）通过比较瓶盖上数字的大小，体验"大吃小"的乐趣。

2. 制作步骤

第一步：将木板按照尺寸装订成台球桌的样式，以便作为工具台操作使用。

第二步：根据台球桌形成多功能桌面，在上面钻孔，孔的大小根据矿泉水瓶底部的直径大小决定，桌面上方的孔与桌面下方的孔相通，将剪掉底座的矿泉水瓶放置于相通的两个孔中，在瓶盖上张贴数字，利用瓶盖制作转盘。

图 3-30 弹一弹

3. 具体玩法

转动转盘上的指针，指针指到的瓶盖拧开后，比较瓶盖上数字的大小，数字大的"吃"掉数字小的，玩到最后"吃"得最多的为胜者。（图3-31）

（四）游戏四：手指转转

1. 活动目标

通过转动瓶内的乒乓球，进行数与量对应，促进小肌肉发展。

2. 制作步骤

第一步：根据台球桌形成多功能桌面，在上面钻孔，孔的大小根据矿泉水瓶底部的直径大小决定，桌面上方的孔与桌面下方的孔相通，将剪掉底座的矿泉水瓶放置于相通的两个孔中。

第二步：在矿泉水瓶内放置画有图案的乒乓球，在矿泉水瓶侧面留一个孔，用于幼儿将手指伸进瓶内转动乒乓球。

图 3-31 大转盘（"大吃小"游戏）　　　　图 3-32 手指转转

3. 具体玩法

用手指转动瓶内的乒乓球，点数乒乓球上画的物品数量，并与瓶盖内的数字进行对应。（图 3-32）

（五）游戏五：物品分类

1. 活动目标

认识物体，能说出名字，学会简单的统计知识，并进行分类。

2. 具体玩法

通过拧开瓶盖的游戏，认识瓶盖上的物品，进行食品、文具用品、生活用品分类。（图 3-33）

图 3-33 物品分类

（六）游戏六：玩转十二生肖

1. 活动目标

（1）在游戏中学会配对、排序等科学知识。

（2）根据图形认识相应的汉字，初步了解祖国的传统文化。

2. 具体玩法

将桌面四周的瓶盖全部拧下来，根据瓶盖上的十二生肖图案，找到相应的字进行配对，也可以对十二生肖进行顺序排列，还可以进行角色表演等。（图 3-34）

（七）游戏七：相同数我知道

1. 活动目标

（1）知道分类，找出相同数。

（2）体验合作的乐趣，培养合作的意识。

码 3-2 瓶盖王国
教学视频 2

2. 具体玩法

将瓶盖进行相同数对应，可多人一起比赛，先找到所有相同数者为胜。（图 3-35）

（八）游戏八：1~30 数的排序

1. 活动目标

通过认识数字，知道按 1~30 数的顺序进行排列。

2. 具体玩法

幼儿拧下瓶盖，将数字进行排列，可以从小到大排，也可以从大到小排。（图 3-36）

（九）游戏九：按规律排序

1. 活动目标

（1）根据颜色数量进行排序。

（2）感知物体的规律性。

2. 具体玩法

两人玩，也可以多人玩。把桌面上瓶盖全部拧下，按一定的规律进行排序。（图 3-37）

图 3-34 玩转十二生肖

图 3-35 相同数我知道

图 3-36 1~30 数的排序

图 3-37 按规律排序

（十）游戏十：变形金刚

1. 活动目标

通过用瓶盖进行造型设计，感受用瓶盖拼搭的乐趣。

2. 制作步骤

第一步：根据台球桌形成多功能桌面，在台球桌四周钻孔，孔的大小根据矿泉水瓶底部的直径大小决定，桌面上方的孔与桌面下方的孔相通，将剪掉底座的矿泉水瓶放置于相通的两个孔中。

第二步：将矿泉水瓶盖四周粘上大小不一的软磁铁。

3. 具体玩法

将瓶盖全部拧下，进行造型拼搭。（图3-38）

（十一）游戏十一：吹牛大王

1. 活动目标

增强肺活量，体验吹的乐趣。

2. 制作步骤

第一步：在台球桌四周20 cm处，设置三个间距相同的孔，桌面上方的孔要与桌面下方的孔相通。

第二步：将剪掉底座的矿泉水瓶放置于相通的两个孔中。

3. 具体玩法

把吸管与塑料瓶连接起来，将瓶内的乒乓球吹动。（图3-39）

图3-38 变形金刚　　　　　　　　图3-39 吹牛大王

（十二）游戏十二："棋"天大圣

1. 活动目标

（1）了解各类游戏棋的规则。

（2）感知游戏中的输与赢，增强挑战欲望。

图 3-40 "棋"天大圣　　　　　　　　　图 3-41 钓鱼

2. 制作步骤

第一步：以桌面为棋台，设置与桌面大小的棋布。

第二步：将棋布平铺于桌面，将桌面四周的瓶盖作为棋子。

3. 具体玩法

（1）环保棋：通过掷骰子的方式，以骰子点数对应行进步数，按环保图文提示进退，先到终点者为胜。

（2）五子棋：使用桌面瓶盖进行五点一线连接，先连接五点为一线者为胜。（图 3-40）

（十三）游戏十三：钓鱼

1. 活动目标

发展幼儿手眼协调能力。

2. 具体玩法

两人或多人玩，用鱼竿将塑料瓶内的"小鱼"钓起，钓鱼数量多者为胜。（图 3-41）

（十四）游戏十四：快乐的小鱼

1. 活动目标

发展幼儿手腕灵活性。

2. 具体玩法

将两个瓶盖利用磁铁的磁性进行结合，让幼儿运用手臂力量将瓶盖进行转动。（图 3-42）

图 3-42 快乐小鱼

（十五）游戏十五：疯狂的赛车

1. 活动目标

发展幼儿手臂力量。

图 3-43 疯狂的赛车 　　　　　　　　　　　图 3-44 小拖车

2. 具体玩法

将两个瓶盖利用磁铁的磁性进行"赛车"组装，运用手臂力量将"赛车"推动，"赛车"行驶距离远者为胜。（图 3-43）

（十六）游戏十六：小拖车

1. 活动目标

发展幼儿手眼协调能力。

2. 具体玩法

将两个瓶盖利用磁铁的磁性进行"赛车"组装，用鱼竿拖动赛车向前行进。（图 3-44）

五、案例小结

《瓶盖王国》集探究性、教育性、多功能性、趣味性于一体，多变的瓶盖不仅可提高幼儿的探究能力，还有助于幼儿感知力、观察力、想象力、专注力及创造力这五种能力的发展，让幼儿通过观察、比较、收集、分析多功能桌面上的不同瓶盖来促进幼儿智力、精细动作技能、手眼协调能力的发展。在游戏操作中充分培养幼儿与同伴相互协作的能力和专注力，以及良好的心理和学习品质。

六、所获奖项

全国幼儿园优秀自制玩教具三等奖；贵州省幼儿园优秀自制玩教具三等奖；遵义市幼儿园优秀自制玩教具二等奖。

案例3 多功能智慧板

遵义市实验幼儿园 张翠 龚晓霞 吴萍

码3-3 多功能智慧板
教学视频1

一、设计思路

"多功能智慧板"是成套制作的益智类组合玩教具，具有安全性、趣味性、教育性、环保性、易操作性等特点，玩法多样可变化，可拓展延伸出各种玩法，特别适合投入到区域中，供小、中、大班幼儿自由、自主地游戏。主要通过观察、比较、操作等方法帮助幼儿感知和理解数、量及数量的关系，激发幼儿学习数学的兴趣和愿望。配套的棋盘、迷宫、穿编、创意、七巧板等操作板，可以进行各种棋类、走迷宫、穿编、创意拼摆和造型等游戏，训练观察力，培养创造性思维，锻炼小手肌肉等。

二、教学总目标

1.通过观察、比较、操作等方法认识10以内的数，理解数点对应和物点对应，初步理解量的相对性，进行10以内的加减运算等。

2.发展具体形象思维和逻辑思维。

3.提高观察力、判断力及动手能力。

三、工具与材料

主要材料：泥工板。

辅助材料（工具）：瓶盖、笔盖、吸管、即时贴、胶线、螺丝、废旧图书等。

四、活动案例

（一）系列一：数学系列游戏

1.活动目标

（1）认识10以内的数，理解数点对应和物点对应。

（2）初步理解量的相对性，进行10以内的加减运算等。

2.操作应用一：排排队游戏

（1）制作步骤

第一步：在A4纸大小的泥工板上用黑色即时贴标注好"从小到大"和"从大到小"的操作提示。

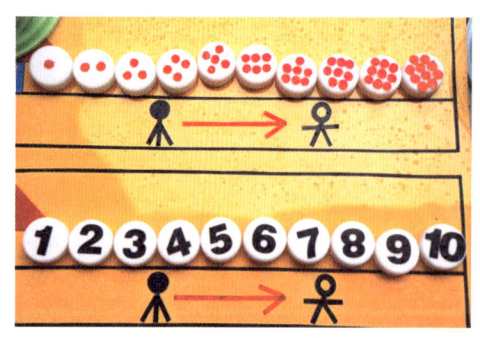

图 3-45 排排队游戏操作板　　　　　图 3-46 对对乐游戏操作板

第二步：将大小相同的白色瓶盖上用即时贴按 1~10 的顺序贴上数字和圆点。（图 3-45）

（2）具体玩法

观察排序板上的"大小"标志，进行从大到小或从小到大的 10 以内的点、数排序。

3. 操作应用二：对对乐游戏

（1）制作步骤

第一步：将泥工板剪成"花朵"式样，白色杯盖作"花心"。

第二步：用即时贴剪成 1~10 的数字在"花心"中贴好，准备好圆点片和水彩笔盖若干。（图 3-46）

（2）具体玩法

根据"花朵"上的数字，放入对应数量的圆点片和笔盖。

4. 操作应用三：蛋宝宝游戏

（1）制作步骤

第一步：在泥工板上用即时贴贴上小鸡、小草等背景图。

第二步：用黄色泥工板剪成蛋壳破裂的图案贴在底板上，并用即时贴贴上数字和圆点。（图 3-47）

图 3-47 蛋宝宝游戏操作板

（2）具体玩法

将形状为蛋壳的数与圆点进行配对。

5. 操作应用四：泡泡乐游戏

（1）制作步骤

第一步：将废旧图书上的小鱼图案剪下，贴在泥工底板上，做成"小鱼吐泡泡"的背景或"小鱼吹泡泡"的背景。

第二步：制作贴上圆点的瓶盖及贴上圆点或数字的泥工圆片。（图 3-48）

图 3-48 泡泡乐游戏操作板　　图 3-49 分解组合游戏操作板　　图 3-50 转盘乐游戏操作板

（2）具体玩法

将 10 以内的任意三个相邻数或圆点排列在泡泡圈内。

6. 操作应用五：分解组合游戏

（1）制作步骤

第一步：将泥工底板用即时贴分格。

第二步：将 1~10 的圆点和数字贴在用泥工板剪成的小长条上。（图 3-49）

（2）具体玩法

将点卡板排列在格子内，练习 10 以内数的分解和组合。

7. 操作应用六：转盘乐游戏

（1）制作步骤

第一步：用不同颜色的泥工板和废旧光盘做成转盘。

第二步：在每个转盘上面贴上 1~10 的圆点、图案和数字。（图 3-50）

（2）具体玩法

转动转盘，将圆点、图案、数字相对应。

码3-4 多功能智慧板教学视频2

（二）系列二：棋盘游戏

1. 活动目标

（1）自由结伴、自定规则进行各种棋类游戏。

（2）增强社会性交往、语言表达、逻辑思维等能力。

2. 操作应用

（1）制作步骤

按照飞行棋、跳棋、围棋（五子棋）、安全出行棋等设计，用泥工板、即时贴制作各类棋盘。（图 3-51）

（2）具体玩法

自选玩伴、自定规则进行各种棋类游戏。（图 3-52、图 3-53）

图 3-51 棋盘游戏操作板

图 3-52 飞行棋游戏

图 3-53 宫格棋游戏

图 3-54 迷宫游戏操作板

(三)系列三：迷宫游戏

1. 活动目标

(1) 自由结伴、自定规则进行迷宫游戏。

(2) 运用材料自行设计迷宫并进行游戏。

(3) 增强社会性交往、语言表达、方位感知、逻辑思维等能力。

2. 操作应用

(1) 制作步骤

第一步：用两个 A3 大小的泥工板拼作迷宫地板。

第二步：将各色吸管剪成长短不一的线条，拼摆成迷宫，设计"进口"和"出口"。（图3-54）

(2) 具体玩法

玩法一：自选玩伴、自定规则进行不同的迷宫游戏。

玩法二：用粗细不同的吸管在空白的智慧板上设计迷宫图，进行游戏。

(四)系列四：创意游戏

1. 活动目标

(1) 训练观察力和手眼协调能力。

(2) 培养创造性思维和想象力。

(3) 锻炼小手肌肉。

图 3-55 几何线条创意拼图

图 3-56 几何图形创意拼图

2. 操作应用一：几何图形创意游戏

（1）制作步骤

第一步：用各色泥工板剪成长短不同的线条和不同的形状，两端打孔。

第二步：准备螺丝帽和螺丝若干。（图 3-55、图 3-56）

（2）具体玩法

利用各种形状的塑料板（已打孔）和螺丝，进行创意拼图。

图 3-57 七巧板拼图

3. 操作应用二：七巧板游戏

（1）制作步骤

第一步：用各色泥工板剪成成套的七巧板若干。

第二步：提供用七巧板拼成的图案若干。（图 3-57）

（2）具体玩法

照样拼摆图案或自由拼摆出各种图案。

五、案例小结

本套操作性极强的桌面操作玩教具，便于教师利用不同的材料加工制作，经久耐用。除了能促进幼儿对数、量、形及数量关系的感知外，还能促进幼儿五大领域能力的发展，更能通过动手操作，充分培养幼儿合作、专注、不怕失败和困难的良好心理和学习品质，让幼儿在玩中学数学，在玩中发挥想象力。

六、所获奖项

全国幼儿园优秀自制玩教具三等奖；贵州省幼儿园优秀自制玩教具二等奖；遵义市幼儿园优秀自制玩教具二等奖。

案例4　玩转纸箱

重庆市北碚区朝阳幼儿园　胡昌菊　唐翠岚　陈素梅

一、设计思路

"玩转纸箱"是一款多功能操作箱，适用于3~4岁的小班幼儿使用。箱身的五个面都有不同的材料和游戏，可以供幼儿操作、玩耍，打开箱盖里还有一个神奇的骰子，可以单独玩耍，也可以和五面箱身组合玩耍。在设计思路上我们充分考虑自制玩教具的安全性、趣味性、实用性、科学性、教育性和可操作性，同时体现了多功能性，一种玩具多种玩法，让幼儿在玩中学、做中学，感受动手操作的乐趣，促进孩子的全面发展。

二、教学总目标

1. 知道纸箱的多种玩法，愿意动手操作。
2. 能自主玩耍，在玩耍的过程中逐步掌握纸箱的玩法，通过玩耍认识动物、学习拼图、理解人的情绪和表情变化等。
3. 体验和同伴一起玩耍纸箱的乐趣，在玩耍中逐步学习合作、互助。

三、工具与材料

玩具材料采用经济实惠的纸箱为主体，制作材料采用颜色鲜艳、安全适用的卡纸和无纺布以及一些废旧材料等。

主要材料：两个50 cm的大纸箱，红色、橙色、粉红色、蓝色、黄色、绿色、紫色、黑色、白色的卡纸和无纺布。（图3-58）

图3-58 玩转纸箱整体造型

图 3-59 玩转纸箱所用材料及工具

辅助材料（工具）：缝制针 3 根、多种颜色的缝制线、各色的纽扣、魔术贴、双面胶、过塑纸、过塑器、剪刀、裁纸刀、胶枪、彩铅、橡皮、铅笔、勾线笔、胶水、枕芯棉。（图 3-59）

四、活动案例

（一）系列一：神奇的骰子

1. 活动目标

（1）知道骰子的多种玩法。

（2）能用正确的方法扔骰子并进行游戏。

（3）体验玩骰子的乐趣。

2. 制作步骤

第一步：确定需要的材料及工具：彩色无纺布、裁纸刀、缝制针、缝制线、各色的纽扣、枕芯棉。

第二步：确定骰子的大小，然后用裁纸刀裁剪出 6 面大小一样的无纺布。

第三步：缝制桃心。剪裁出一个桃心形状，并将它缝制到一面无纺布上，扔到桃心这面的骰子，可以任选一个游戏玩耍。

第四步：缝制纽扣。将 1 颗、2 颗、3 颗、4 颗、5 颗纽扣分别缝制到另外 5 面无纺布上，幼儿根据扔到骰子的数字选择与上方扣子数量相同的面进行游戏。

91

图 3-60 神奇的骰子桃心面　　　　　　图 3-61 神奇的骰子纽扣面

第五步：缝制骰子。将 6 面无纺布用缝制针、缝制线进行缝制，留下一面不封口。

第六步：填充枕芯棉，缝制好最后一面，完成骰子的制作。（图 3-60、图 3-61）

3. 操作应用

玩法一：幼儿根据扔到骰子的数字选择与上方扣子数量相同的面进行游戏，如扔到桃心面，可以任选一个面的纸箱游戏玩耍。

玩法二：骰子可用于物体数量和抽象数学数量（1~5）的学习。

玩法三：骰子也可以用在其他游戏场景中，如体育游戏抛接骰子、娱乐游戏击鼓传骰子等。

玩法四：骰子还可以用于宣泄情绪。比如自己不开心了，可以把骰子当成好朋友，向它诉说，也可以把它当作出气筒，打一打、捶一捶。（图 3-62 至图 3-67）

图 3-62 扔骰子选择游戏　　　　　　图 3-63 扔骰子游戏

图 3-64 用骰子进行点数学习 　　　　　图 3-65 用骰子进行抛接游戏

图 3-66 进行击鼓传骰子游戏 　　　　　图 3-67 用骰子宣泄情绪

码3-6 玩转纸箱教学视频2

（二）系列二：五彩的纽扣

1. 活动目标

（1）知道纽扣的形状，在游戏中巩固对红、黄、蓝、绿、黑五种颜色的认识。

（2）掌握扣扣子的方法。

（3）喜欢参与扣纽扣、拉拉链的游戏，愿意做力所能及的事情。

2. 制作步骤

第一步：确定需要的材料及工具：彩色无纺布、铅笔、裁纸刀、剪刀、缝制针、缝制线、各色的纽扣。

第二步：绘制动物形象。先用铅笔在无纺布上绘制大象、刺猬、螃蟹等动物形象，再用剪刀剪下来，制作好动物图片。

第三步：确定小圆片扣眼的大小，并绘制、剪下来，中间用剪刀镂空，用于扣扣子。

第四步：缝制纽扣。将纽扣用缝制针线缝制在动物身体图片上。

第五步：缝制拉链。将拉链缝制到适宜的动物身体图片上。

第六步：制作小圆片扣眼放置袋。先绘制好口袋的形状，再用缝制针线将其固定好，然后将制作好的圆形扣眼放在里面。

第七步：将动物图片、小圆片扣眼放置袋用胶枪固定到纸箱的一面。（图3-68、图3-69）

3. 操作运用

玩法一：幼儿根据动物身体图片上扣子的数量和颜色自行挑选喜欢的小圆片扣到扣子上，作为小动物身体图片的装饰。

玩法二：小动物身体图片上还设置了拉链，幼儿可以通过拉拉链的方式将小动物图片完整地拼接起来。

玩法三：可以利用纽扣教孩子们认识颜色，感知颜色，给纽扣涂色，玩颜色游戏等。（图3-70至图3-72）

（三）系列三：表情变变变

1. 活动目标

（1）认识五官，知道五官的变化会产生各种表情。

（2）能选择适合的五官贴出不同的表情图。

（3）体验游戏的快乐，愿意做一个开心快乐的娃娃。

码3-7 玩转纸箱教学视频3

图3-68 五彩纽扣面1　　图3-69 五彩纽扣面2

图3-70 扣纽扣游戏　　图3-71 认识颜色　　图3-72 纽扣涂色

2. 制作步骤

第一步：确定需要的材料：卡纸、过塑纸、彩铅、圆形魔术贴。

第二步：绘制娃娃形象。用铅笔在卡纸上绘制空白娃娃形象，然后过塑制作好。

第三步：在娃娃脸上的适宜位置贴上圆形魔术贴，用于粘贴五官图。

第四步：绘制五官图及各类不同的表情图，然后用剪刀剪下来过塑，并在背面贴上圆形魔术贴。

第五步：将过塑好的空白娃娃形象用胶枪固定到纸箱上。

第六步：将各类五官图和表情图用圆形魔术贴固定到纸箱的上部和下部。（图3-73、图3-74）

图 3-73 表情变变变游戏 1

图 3-74 表情变变变游戏 2

3. 操作应用

玩法一：幼儿根据对自己和他人五官分布的观察，以及对情绪的认识，在教师的要求下或者按照自己的喜好自由组合出与全脸五官相匹配的表情图。小脸蛋，真神奇，可以笑，可以哭，还可以扮调皮，你还能用你的小脸蛋做哪些表情呢？让我们在玩具娃娃的脸上试一试吧！

玩法二：可通过已经有的表情来辨别情绪，体会情绪。（图3-75、图3-76）

（四）系列四：动物小脚印

1. 活动目标

（1）知道每个动物都有属于自己的脚印。

码3-8 玩转纸箱教学视频4

图 3-75 贴表情图片游戏

图 3-76 体会情绪游戏

（2）能通过观察，将正确的脚印图片贴到相应的动物图片下面。

（3）有积极探索的兴趣。

2. 制作步骤

第一步：确定需要的材料及工具：无纺布、卡纸、过塑纸、勾线笔、圆形魔术贴、剪刀、缝制针、缝制线、胶枪。

第二步：绘制动物形象及简单的场景，如小猫在窝里、小青蛙在荷叶上、小鸡在草丛里，并在动物身体图片下面贴上圆形魔术贴，用于粘贴脚印图片。

第三步：绘制动物脚印，然后用剪刀剪下来过塑，并在背面粘贴上圆形魔术贴，用于粘贴。

第四步：制作动物脚印图片放置袋。先绘制好口袋的形状，再用缝制针线将其固定好，然后将制作好的动物脚印图片放在里面。

第五步：将动物图片及场景图片、动物脚印图片放置袋用胶枪固定到纸箱的一面。（图3-77、图3-78）

图3-77 动物小脚印游戏1　　　　图3-78 动物小脚印游戏2

3. 操作应用

玩法一：教孩子们认识更多的动物及其脚印。

玩法二：幼儿根据已有的动物，从不同的脚印中找出与动物宝宝们相对应的脚印，并粘贴上去。

玩法三：让孩子们认识雪地里的小画家，学着做泥工小动物，念关于小动物的儿歌，唱关于小动物的歌曲。（图3-79、图3-80）

图 3-79 认识雪地里的小画家

图 3-80 泥工：捏动物

图 3-81 百变衣橱游戏 1

图 3-82 百变衣橱游戏 2

（五）系列五：百变衣橱

1.活动目标

（1）知道一年有四季，不同季节穿不同的服装。

（2）能根据季节选择对应的服装进行粘贴游戏。

（3）体验帮娃娃穿不同服装的乐趣。

2.制作步骤

第一步：确定需要的材料及工具：卡纸、勾线笔、过塑纸、剪刀、彩铅、圆形魔术贴、胶枪。

第二步：绘制娃娃形象。用铅笔在卡纸上绘制男娃娃、女娃娃的形象，然后过塑，在娃娃头上、身体上、手腕处粘贴圆形魔术贴。

第三步：将过塑好的娃娃图片用胶枪粘贴到纸箱的一面。

第四步：绘制四季不同服装、配饰及相应的季节特征，然后用剪刀剪下来过塑，并在背面贴上圆形魔术贴。

第五步：在纸箱空白的地方粘贴上圆形魔术贴，用于粘贴四季不同的服装、配饰及相应的季节特征图片。（图 3-81、图 3-82）

码 3-9 玩转纸箱教学视频 5

3. 操作应用

玩法一：幼儿可以自主或在一定的要求下寻找出不同季节的代表物品，以及在相同季节下男生和女生会穿着的衣服，如冬天会飘着大大的雪花，他们都会穿上厚厚的棉衣、羽绒服，并且戴上帽子和手套。

玩法二：可以利用这个玩教具对孩子们进行季节相关的教育活动，如认识一年四季的特征，并引导幼儿画出一年四季的特征等。（图3-83、图3-84）

图3-83 帮娃娃穿衣服

图3-84 四季的色彩

（六）系列六：趣味拼图

1. 活动目标

（1）学习简单地按颜色规律进行排序。

（2）培养初步的观察能力及初步的分析能力。

（3）愿意大胆探索并表达自己的发现。

2. 制作步骤

第一步：确定需要的材料及工具：卡纸、无纺布、勾线笔、过塑纸、剪刀、彩铅、圆形魔术贴、胶枪。

第二步：绘制背景。先用勾线笔在卡纸上绘制背景，然后用彩铅涂上漂亮的颜色，接着过塑，再在需要粘贴的地方贴上圆形魔术贴。

第三步：绘制长颈鹿形象，并将长颈鹿图片用剪刀剪开分割，制作拼图，在背面贴上圆形魔术贴。

第四步：绘制黄色和红色的火车车厢，并在背面贴上圆形魔术贴。（图3-85、图3-86）

3. 操作应用

玩法一：幼儿可以根据对现有画面的观察和不同的图形碎片推测出需要拼接的图案。

玩法二：幼儿也可以根据个人的选择或教师的要求尝试将图案按照不同的规律进行排列。

图 3-85 趣味拼图游戏 1

图 3-86 趣味拼图游戏 2

图 3-87 车厢排排队

图 3-88 长颈鹿拼图

玩法三：教师还可以利用拼图对孩子们进行相关的教育，如开展绘画活动"我给长颈鹿穿新衣"，绘本欣赏"鳄鱼爱上长颈鹿"等。（图 3-87、图 3-88）

五、案例小结

玩教具"玩转纸箱"达到了安全卫生、取材便利、一物多玩、经久耐用的要求，是适合幼儿使用的丰富多样、安全实用、操作简便、富于艺术性且利于幼儿发展的玩教具器材，深受孩子喜爱，让五大领域的内容都融入其中，让孩子在玩中学、做中学，让孩子真切感受到在动手操作中学习知识的乐趣，让孩子在不知不觉中得到全面发展。

六、所获奖项

重庆市幼儿园优秀自制玩教具三等奖；重庆市北碚区幼儿园优秀自制玩教具一等奖。

拓展练习

一、简答题

1. 益智类玩教具的制作材料建议是什么？
2. 教师在制作与应用益智类玩教具时应结合儿童哪些学习与发展规律？
3. 益智类玩教具设计与制作的要点有哪些？
4. 益智类玩教具应用与指导的要点有哪些？

【答案解析】略。

二、论述题

1. 结合本章经典案例分析，举例说明益智类玩教具制作与应用的基本思路。
2. 结合本章具体实例，分析实例中益智类玩教具制作与应用的优点和不足，并根据存在的问题提出合理的建议。

【答案解析】略。

综合实训

1. 根据本章所学内容，以小组为单位，利用身边的自然材料和废旧材料等，组内自己选材，为3~6岁幼儿设计制作一套益智类玩教具，体现多玩法、多功能和耐用性等，并写出作品名称，适合年龄段，设计思路，教育目标，工具材料，活动案例（活动目标、制作步骤、具体玩法），小结与反思等，下次课前以小组为单位进行展示与评析。

2. 选择一所幼儿园，尝试为该园设计制作一个适合大班幼儿使用的益智类玩教具，并写出使用方法和指导要点。

【答案解析】略。

第四章
建构类玩教具的制作与应用

【学习目标】

1. 了解建构类玩教具制作与应用的理论基础。
2. 熟悉建构类玩教具制作与应用的核心经验及材料建议。
3. 掌握建构类玩教具设计制作的要点及应用与指导要点。
4. 通过案例分析与讨论，能理论联系实际，熟悉并掌握建构类玩教具制作与应用的基本思路，并能迁移创新，提高资源整合能力和主动解决问题的能力，培养选择、批判并建构课程的观念和能力。

【学习重难点】

学习重点：

建构类玩教具制作与应用的理论基础；建构类玩教具制作与应用的核心经验及材料建议；建构类玩教具设计制作的要点及应用与指导要点；建构类玩教具制作与应用的基本思路。

学习难点：

通过案例分析与讨论，能理论联系实际，熟悉并掌握建构类玩教具制作与应用的基本思路，并能迁移创新，提高资源整合能力和主动解决问题的能力，培养选择、批判并建构课程的观念和能力。

【情景导入】

又到了建构游戏活动的时间了，灵灵说："我要给我的爸爸妈妈建一栋又高又大的房子，让他们高高兴兴地住在里面。"灵灵拿起四孔碳化积木，开始一块一块将齿口与齿口相扣，往上叠加。不一会儿，一座方形房子的雏形出来了。接着，她又找了两块四孔积木，把它们顶端交叉相扣后竖起来架在房子上，作为屋顶，旁边的轩轩看了说："你的屋顶太窄了，下雨时会漏水的！"灵灵听了轩轩的话点点头，重新尝试做屋顶，摆弄了好一会儿都没有成功。轩轩说："别急，我来帮你。"他拿起灵灵的"屋顶"开始加工，将房顶改成了六孔的积木，在这个交叉相扣的积木上继续叠加，一块一块与原先的屋顶交叉相扣，并且保持顶端平行，"看，屋顶搭好了。"说着轩轩满意地把自己搭好的屋顶小心翼翼地装在刚才建好的房子上。"这个屋顶可真漂亮，房子里面再也不会漏水了，房子周围下雨的时候还可以做游戏！"灵灵开心极了。幼儿把积木的齿口相扣，形成连接组合，这种精细的建构动作促进了幼儿小肌肉群的发展，使小肌肉得到锻炼。

在幼儿园的建构区域活动中，大多数教师往往只注重现成的区域材料投放。在制作和应用建构区玩教具时要注重发展幼儿哪些核心经验？其制作与应用要点有哪些？幼儿园教师如何在应用中给予幼儿相应的科学指导呢？

本章要讨论的正是建构类玩教具制作与应用要点，以及相应的案例分析。

第一节 建构类玩教具制作与应用要点

建构类玩教具的制作与应用主要围绕理论支持、儿童学习与发展核心经验、制作材料建议、设计与制作要点、应用与指导要点五个层面进行详细论述。（表4-1）

表4-1 建构类玩教具制作与应用要点

要点维度	具体内容
理论支持	《专标》中提道：合理利用教育资源，为幼儿提供和制作适合的玩教具和学习材料，引发和支持幼儿的主动活动。 《纲要》中明确指出：幼儿园要为幼儿的探索活动创造宽松的环境，提供丰富的可操作的材料，让每个幼儿都有机会参与尝试，支持、鼓励他们大胆提出问题，发表不同意见，学会尊重别人的观点和经验。 《指南》中提出：引导幼儿通过观察、比较、操作、实验等方法，学习发现问题、分析问题和解决问题，帮助幼儿不断积累经验。
儿童学习与发展核心经验	小班：对建构活动有兴趣，认识建构材料，感知特征（如：大小、颜色、形状、长短等）不同的材料与简单的分类；能掌握各种基本的铺平、延长、围合、垒高、拼插等技能，搭建物体的简单造型；能用自己喜欢的方式大胆操作，用不同的材料进行建构，掌握基本的操作方法。 中班：能积极参与建构，能用较为流畅的语言介绍自己的建构作品以及建构方法；喜欢用多种材料搭建自己的作品，并能装饰作品；能掌握各种建构技能，如：铺平、延长、围合、垒高、拼插、组合、架空、盖顶等；能用自己喜欢的方式大胆操作，遵守游戏规则，注意安全；能自由结伴，乐于分工合作进行搭建；能自觉收拾材料，并分类整理好。 大班：积极参与建构游戏，遵守游戏规则；主动寻找同伴，自由分组，分工合作拿取材料，共同建构，能为要做的事情制订计划；会看平面图，分享建构计划表，能用连贯的语言描述建构计划内容；能尊重、爱护、欣赏别人的建构成果；能尝试独立思考解决建构游戏中出现的问题。
制作材料建议	1. 在建构类玩教具的材料选取上，需要综合考虑采用一些开放性、低结构、耐用性、安全性、可塑性、操作性强的材料，如纸质材料（纸牌、纸盒、纸板等）、积木、积塑、金属类材料，木质材料（木板、木块、木条等），竹质材料（竹筒、竹块等），塑料材料（易拉罐、矿泉水瓶、PVC管等），自然结构材料（泥土、沙、冰雪、橡皮泥等），便于幼儿自主操作和探索。 2. 根据不同的建构活动主题，提供丰富的材料。注重材料的多样性、艺术性，如建筑类活动提供纸盒积木、泡沫积木、树枝、金属管等，交通工具类活动提供易拉罐、纸筒、瓶盖、雪花片等。

续表

要点维度	具体内容
设计与制作要点	1. 要关注幼儿学习与发展的整体性，拥有儿童视角，有针对性地进行设计，就地取材，简易便捷，反映出浓厚的地域特色，充分发挥玩教具一物多玩的特点，提升幼儿的想象力和思维能力。 2. 自由组合拼搭，通过几种简单的几何造型模块组合成一定数量的玩具，以及通过排列、连接、拼搭等构造产生千变万化的造型，对幼儿产生极强的吸引力，提高他们的参与度。 3. 根据不同年龄层次，设计色彩和立体图案相拼搭的作品，依据难易程度对各年龄段的幼儿进行艺术启智，提高他们对色彩的感知能力和对空间的塑造能力。 4. 设计与制作要紧紧围绕核心经验、对幼儿的发展价值进行思考，设计丰富多样的玩法，体现发展适宜性、挑战性、可操作性和趣味性的原则，把玩教具制作与幼儿的游戏和生活紧紧联系在一起。 5. 要考虑到利用身边的物品或废旧材料，带领幼儿一起制作，丰富幼儿的生活经验，在动手操作中以鲜艳的颜色、惹人喜爱的造型刺激他们的感官，激发幼儿好奇心，培养幼儿认真观察的能力、创造力，以及与他人合作的意识。
应用与指导要点	1. 根据各年龄段幼儿的特点以及兴趣爱好、发展水平在建构区投放一定数量和种类的建构类玩教具。 2. 引导幼儿遵守游戏规则，乐于与同伴分工合作，自主探索玩教具的玩法及材料、工具的用法；引导幼儿围绕搭建的主题、遇到的问题、解决的方法进行交流与分享。 3. 指导幼儿通过建构前的讨论、建构后的分享和记录，发挥幼儿的主观能动性，享受建构游戏带来的成就感。 4. 建构游戏的评价可以集体或小组的形式进行。教师引导幼儿围绕建构技能、社会性发展、分享建构成果等进行评价，通过同伴间的相互交流，共同提高建构水平，促进建构认知核心经验的发展。 5. 游戏结束后，教师可采用不同游戏形式组织幼儿进行材料整理与收拾，如"我是小小快递员"，让幼儿扮演快递员的角色，提高整理材料的效率。

第二节 建构类玩教具制作与应用案例

基于上节中建构类玩教具制作与应用要点分析，本小节主要对幼儿园教育教学实践中两个建构类玩教具制作与应用经典案例进行探讨，具体案例呈现如下：

案例1　竹系列

遵义市实验幼儿园　张艳梅　陈珊　仲昕

一、设计思路

"竹系列"的材料是竹子。竹子是贵州大部分地区生长的植物，取材方便，随处可寻。对于没有竹子的地区，我们设计了替代物纸筒。纸筒也是生活中随手可取的废旧物品。"竹系列"所用主材料竹子和替代材料纸筒以及辅助材料螺丝、彩带、打包带、瓶盖等都具有成本低、安全、经久耐用等特点。教师只需将竹子、纸筒锯成长短不同的节，然后将其钻孔、打磨即可。由于玩法开放自由，操作简单，体现多样性功能，能发挥幼儿的想象力、创造力。

二、教学总目标

1. 能借助材料、工具学会拧、穿、编、拼、叠等方法。
2. 有初步的探究能力。能用简易的材料做出多变的作品，并在探索中有所发现时感到兴奋和满足。

三、工具与材料

竹子、毛球、螺丝、螺帽、编织绳、塑料瓶盖、颜料等。

四、活动案例

1. 活动目标

（1）能利用竹片、竹瓦、竹筒等与其他材料进行拼搭组合，创意拼图和造型。

（2）探索发现竹子的多种玩法，启发创造力。

2. 操作应用一：竹片拼图

（1）制作步骤

在竹片上绘画图案并对纸片进行打孔，准备螺丝钉。

（2）具体玩法

本玩具有六片和九片图。幼儿根据图形的顺序将竹片用螺丝组合成完整的一幅正反图，如图4-1正面看是娃娃喷气，反面看是一口冒气锅。

图4-1 竹片拼图场景

3. 操作应用二：捉小虫

（1）制作步骤

将竹筒钻上小孔用于穿小虫，再用毛球制作小虫。

（2）具体玩法

将一条条小虫插入竹筒筒身的小孔内，两位以上幼儿开始游戏，用约定的方式如"剪刀、石头、布""手心、手背"等，决定谁先掷骰子，谁的点数大谁就捉一条小虫，捉得多者为胜。（图4-2）

图4-2 竹筒捉小虫

4. 操作应用三：艺术斜塔

（1）制作步骤

将竹筒切割成不规则的斜面，在各斜面上涂上颜料。

（2）具体玩法

幼儿对不同长短、粗细、颜色及不同斜面的竹筒进行拼叠，也可进行"比比谁叠得高""看看谁叠得妙"等比赛，还可以根据颜色进行排序、数数等。（图4-3）

图4-3 艺术斜塔

5. 操作应用四：竹片穿编

（1）制作步骤

将竹片钉成四面可穿编的正方体框架，在竖着的框架竹片上拧上螺丝，用于固定穿编带。

（2）具体玩法

幼儿自选竹片任意与辅助材料鞋带、打包带搭配，进行穿编、造型游戏。（图4-4）

图4-4 竹片穿编

6. 操作应用五：竹瓦造型

（1）制作步骤

将竹筒、竹片钻洞，配以长螺丝、螺帽，准备小汽车玩具轮胎。

（2）具体玩法

玩法一：幼儿自选竹瓦任意造型，并用螺丝固定。

玩法二：幼儿可用竹瓦与鞋带一起造型。（图4-5）

7. 操作应用六：竹筒造型

（1）制作步骤

将大小不同的竹筒钻孔，用螺丝钉任意连接。

图4-5 竹瓦造型

（2）具体玩法

幼儿可充分发挥想象，将竹筒任意造型后，用螺丝固定成各种作品。（图4-6）

8.操作应用七：各种材料混搭造型

（1）制作步骤

切割各种竹筒、竹瓦、竹片并打孔，辅助材料（工具）为打包带、纸筒、瓶盖等。

（2）具体玩法

幼儿可用竹筒、竹瓦、竹片、彩色鞋带、打包带、纸筒、瓶盖等低结构材料（工具），借助各种不同材质、不同大小的螺丝进行任意创意，创造出具体形象的、千姿百态的各种有趣的幼儿喜爱的造型。（图4-7）

图4-6 竹筒造型　　　　　图4-7 各种材料混搭

五、案例小结

本套玩具通过拧、穿、编、拼、叠等方法，以及材料与材料之间的建构，满足幼儿的自主学习、自我发展，借助辅助材料（工具）如螺丝、鞋带、瓶盖、打包带等，为幼儿提供自我学习、自我探索、自我发现、自我完善的空间，材料（工具）赋予了幼儿极大的自由度。"竹系列"材料作为幼儿创作的物质资源，让幼儿自由创作、自由表现。幼儿在选择材料（工具）后进行操作摆弄时，能够按自己的能力，选择适宜自己的材料（工具），用自己的方法较快地进行探索，向目标迈进。我们不规定具体的玩法，允许幼儿交叉使用材料（工具），增加选择的余地。幼儿通过动手动脑操作，探索材料（工具）的多种用法，并乐在其中。有持久吸引力的玩具，能不断引发幼儿的创造性，幼儿可根据自己的兴趣和当时的想法随意组合，并可以一物多用，为幼儿的想象提供了广阔的空间。

六、所获奖项

全国幼儿园优秀自制玩教具二等奖；贵州省幼儿园优秀自制玩教具一等奖；遵义市幼儿园优秀自制玩教具一等奖。

案例 2　红色童趣

遵义市播州区实验幼儿园　黄安黎　王蕾　宋华丽

一、设计思路

遵义会议会址是遵义人的骄傲，也是遵义的红色地标。怎么才能让幼儿在游戏中感受遵义的红色文化，萌发爱家乡、爱祖国的情感呢？这是引发教师团队设计与制作此套建构材料的最初思路。根据3~6岁幼儿的年龄特点，以"注重本土化材料和废旧材料的利用"为出发点，利用装修使用的剩余材料、木棍、绳子、筷子等制作了此套具有遵义红色文化特色的建构类玩教具——遵义会议会址红色童趣系列玩具。这套玩具旨在通过游戏，让幼儿在拼搭建构中学习平面及空间建构技能，认识遵义会议会址，了解遵义会议，学习长征精神，感受红色文化，感悟现代来之不易的幸福生活。

二、教学总目标

1. 能借助材料学会堆叠、平铺、架空、围封、对称、穿插等基本的建构技能。
2. 有初步的创造力，能与同伴合作运用材料搭建遵义会议会址系列作品及其他作品，并在搭建创造中感受遵义会议精神，学习长征品质。

三、工具与材料

1. 主要材料：大型废旧木质材料一套（如大柱子、小木棍、长方形底座、长方形木板、三角形木板等）。
2. 辅助材料（工具）：绳子或线、筷子、铁链、小棒、草垫、红军人偶、挂图和凉席等。

四、活动案例

1. 活动目标

（1）学习用延伸、架空、围封、对称、穿插等建构技能有主题性地进行搭建。
（2）在游戏搭建中，体验分工、合作完成搭建任务的乐趣。

2. 操作应用一：遵义会议会址大门

（1）制作步骤

第一步：在柱子和木方上分别打孔挖槽，便于柱子和木方进行对应穿插。

第二步：对柱子、木方和门板等进行上色和绘图，便于进行对应主题搭建。

（2）具体玩法

幼儿 3~5 人一组，从搭建底座开始游戏，接着插大柱子、上套板、上门板，再插内层柱子、盖顶等，然后搭建遵义会议会址的大门等造型。（图 4-8 至图 4-11）

3. 操作应用二：遵义会议会址

（1）制作步骤

第一步：对柱子、木方、套板和顶盖等进行打孔挖槽，便于柱子、木方、套板和顶盖等进行对应穿插。

第二步：对柱子、木方、套板和顶盖等进行上色和绘图，便于进行对应主题搭建。

图 4-8 材料（工具）图示

图 4-9 搭建底座

图 4-10 上门板

图 4-11 遵义会议会址大门搭建场景

图 4-12 材料（工具）图示

图 4-13 套第一层套板

图 4-14 套第二层套板

图 4-15 会址搭建场景

（2）具体玩法

幼儿 3~5 人一组，按照搭建底座、插大柱子、对应穿插小柱子（棍棒）、插弧形木块、对应套套板及盖顶等顺序进行房屋结构搭建。（图 4-12 至图 4-15）

4. 操作应用三：红军过桥

（1）制作步骤

第一步：对木块进行上色，幼儿可根据喜好涂绘颜色。

第二步：用绳或线将木块穿插成荡桥，并给红军配以线或绳，做成提线人偶。

（2）具体玩法

幼儿 2~4 人一组，用小木块和绳子进行穿插制作荡桥。幼儿间协商拉住绳子，放松绳子让木板桥沉下去，拉紧绳子让木板桥升起来，其中两个幼儿快速地将红军小人送过河，送红军的途中必须走过每块木板。（图 4-16、图 4-17）

109

图 4-16 升降木板桥　　　　　　　图 4-17 红军过桥

图 4-18 搭建底座　　　　　　　图 4-19 搭建颂军廊

5. **操作应用四：颂军廊**

（1）制作步骤

第一步：在木方和柱子上钻孔，将柱子穿插在木方上，柱子间用小棒连接。

第二步：投放挂图和凉席等进行主题性搭建。

（2）具体玩法

幼儿 3~5 人一组，从搭建底座开始游戏，接着插大柱子、上插小棍，再插入三角形固定作品，穿插悬挂的图片及拼出长椅，并利用凉席搭建房顶盖，最后构建形成颂军廊。（图 4-18、图 4-19）

6. **操作应用五：四渡赤水桥**

（1）制作步骤

在木方和柱子上打孔，并安装辅助材料绳子、铁链、小棒等。

（2）具体玩法

幼儿 3~4 人一组，从搭建底座及插柱子开始，并选择适合的材料进行穿插和连接作品。（图 4-20）

图 4-20 搭建四渡赤水桥

图 4-21 团队搭建黔北民居　　　　　　　图 4-22 黔北民居正面

7. 操作应用六：黔北民居

（1）制作步骤

第一步：在柱子、木方和小木块上分别打孔挖槽，便于柱子、木方和小木块进行对应穿插。

第二步：对柱子、木方、小木棍、门板、窗板、屋顶等进行上色和绘图，便于进行对应主题搭建。

（2）具体玩法

幼儿观察遵义会议会址和黔北民居房子的不同，并与同伴进行协商，创造性地搭建不同的建筑。（图 4-21、图 4-22）

五、案例小结

遵义会议会址是我们对幼儿进行爱国主义教育和良好品质教育很好的素材。3~6 岁的幼儿喜欢动手动脑进行各种拼搭活动，通过废旧木质材料及一系列辅助材料的拼搭来表现遵义会议会址、黔北民居、长廊、吊桥等，能初步感知遵义会议会址系列建筑物的连接、穿插等建筑技巧，促进幼儿空间方位知觉和小肌肉动作的发展。此套玩教具让幼儿再现和创造性地表达生活经验，有效地促进了幼儿想象力和创造力的发展。多人合作搭建游戏也有利于提高幼儿的语言表达能力和合作能力。总之，该套玩教具体现出了一物多玩、多物一玩的价值，同时，还能让幼儿初步认识遵义会议会址，学习长征精神，愈发爱自己的家乡、爱自己的祖国。

六、所获奖项

遵义市播州区幼儿园优秀自制玩教具一等奖。

拓展练习

一、简答题

1. 建构类玩教具的制作材料建议是什么？
2. 教师在制作与应用建构类玩教具时应结合儿童哪些学习与发展规律？
3. 建构类玩教具设计与制作的要点有哪些？
4. 建构类玩教具应用与指导的要点有哪些？

【答案解析】略。

二、论述题

1. 结合本章经典案例分析，举例说明建构类玩教具制作与应用的基本思路。
2. 结合本章具体实例，分析实例中建构类玩教具制作与应用的优点和不足，并根据存在的问题提出合理的建议。

【答案解析】略。

综合实训

1. 根据本章所学内容，以小组为单位，利用身边的自然材料和废旧材料等，组内自己选材，为3~6岁幼儿设计制作一套建构类玩教具，体现多玩法、多功能和耐用性等，并写出作品名称，适合年龄段，设计思路，教育目标，工具材料，活动案例（活动目标、制作步骤、具体玩法），小结与反思等，下次课前以小组为单位进行展示与评析。

2. 选择一所幼儿园，尝试为该园设计制作一个适合中班幼儿使用的建构类玩教具，并写出使用方法和指导要点。

【答案解析】略。

第五章
运动类玩教具的制作与应用

【学习目标】

1. 了解运动类玩教具制作与应用的理论基础。
2. 熟悉运动类玩教具制作与应用的核心经验及材料建议。
3. 掌握运动类玩教具设计与制作的要点及应用与指导要点。
4. 通过案例分析与讨论,能理论联系实际,熟悉并掌握运动类玩教具制作与应用的基本思路,并能迁移创新,提高资源整合能力和主动解决问题的能力,培养选择、批判并建构课程的观念和能力。

【学习重难点】

学习重点:

运动类玩教具制作与应用的理论基础;运动类玩教具制作与应用的核心经验及材料建议;运动类玩教具设计与制作的要点及应用与指导要点;运动类玩教具制作与应用的基本思路。

学习难点:

通过案例分析与讨论,能理论联系实际,熟悉并掌握运动类玩教具制作与应用的基本思路,并能迁移创新,提高资源整合能力和主动解决问题的能力,培养选择、批判并建构课程的观念和能力。

【情景导入】

幼儿园外有一片小土坡,孩子们在这片快乐的园地里运动、玩耍。"滑雪场"上,几个小朋友正在进行滑雪橇比赛,只见明明坐在木板上向下快速地滑行,兴奋地喊道:我第一……观众席上小观众们的"加油"声此起彼伏。另一侧,工作人员俊俊将几个雪橇放入竹筐里,他双手拉住筐上的绳子在前面用力地向出发点拉,圆圆则在后面使劲地推……"战场"上,东东、洋洋用力地向敌占区投掷"炸弹"打"敌人",涛涛则拉着绳索向上爬行,芝芝和溜溜作为医护人员不时地用担架"抢救伤员"……在这片自然的乐土里,孩子们利用各种自制运动器械让走、跑、跳、投掷、攀登、钻爬等技能得到了充分的发展。

那运动区的玩教具在制作和应用时要注重发展幼儿哪些核心经验?其制作与应用要点有哪些?作为一名幼儿园教师,如何在应用中给予幼儿相应的科学指导呢?

本章要讨论的正是运动类玩教具制作与应用的要点,以及相应的案例分析。

第一节　运动类玩教具制作与应用要点

运动类玩教具的制作与应用主要围绕理论支持、儿童学习与发展核心经验、制作材料建议、设计与制作要点、应用与指导要点五个层面进行详细论述。（表5–1）

表5–1 运动类玩教具制作与应用要点

要点维度	具体内容
理论支持	《幼儿园工作规程》（以下简称《规程》）指出：积极开展适合幼儿的体育活动，每日户外体育活动不得少于1小时。 《纲要》指出：经常开展丰富多彩的户外游戏和有趣的体育活动，培养幼儿参加体育活动的兴趣和习惯，增强体质，提高对环境的适应能力，用幼儿感兴趣的方式，发展幼儿走、跑、跳、钻、投掷等基本动作及动作的协调性、灵活性。 《指南》指出："保证幼儿的户外活动时间，提高幼儿适应季节变化的能力。""幼儿每天的户外活动时间一般不少于2小时，其中体育活动时间不少于1小时，季节交替时要坚持。"
儿童学习与发展核心经验	小班：对运动类器械感兴趣，能积极参加运动活动。能用视觉控制身体移动方向，能完成走、跑、跳、爬、抛等单一动作。 中班：喜欢操作运动类玩具和材料，体验操作运动类器械的乐趣。能协调身体各部分完成单一操控动作；能增强协调能力，对于环境发生变化有一定反应，减少摔倒或绊倒的次数。 大班：能操作具有一定挑战性的运动类玩具和材料，在活动中进一步增强合作能力、运动能力和思维能力；能用一定意识控制身体移动方向，协调性强，移动速度更快，动作优美流畅。能协调身体各部分完成一组动作；能预测环境变化，当环境变化时能采用主动性策略调整身体姿势或步态作出反应。喜欢参加多任务的操控动作和有挑战性的运动活动。
制作材料建议	1. 在运动类玩教具的材料选取上，采用一些开放性、低结构的游戏材料，如木箱、轮胎等，便于幼儿自主创造和探索。 2. 注重材料的多样性，如选择木质材料、毛绒材料、布类材料、塑料材料、金属材料等，便于幼儿不同感官的材料体验。 3. 针对幼儿不同的运动能力发展，分区提供丰富的器械材料。如攀爬区提供绳子、木梯、绳梯、轮胎等，走跑区提供绳、木板、纸板、油桶、奶粉罐、木凳等，投掷区提供篮子、沙包、呼啦圈、饮料瓶等。
设计与制作要点	1. 要追随幼儿的兴趣点，兴趣是最好的老师。教师要通过对幼儿平日的活动进行细心观察，善于去发现幼儿喜欢些什么、需要些什么，从而有选择性地去制作出幼儿感兴趣的器械。 2. 要注重安全性、教育性、实用性，不过分追求美观和逼真，便于幼儿操作和控制，做到使用方便、清洁方便、存放方便。

续表

要点维度	具体内容
	3. 要充分利用材料的特殊性。用同一种材料制作成多种类型的器械来开展活动，做到一物多玩，如橡皮筋可以跳皮筋、跳房子，也可以做成长方形车厢当作火车来开，当作独木桥在中间走，当作小河沟来跳跃……同样，同种类型的器械也可以用不同的材料进行制作，可以用报纸揉成团做成、用布缝制而成、用沙和布（沙包）来制作、用夹子制作等。 4. 要基于个体差异性。幼儿有年龄的差异和能力的差异，教师要针对不同幼儿之间的差异为幼儿准备适合他们的器械，既要照顾全体幼儿的发展水平，又要针对每个幼儿的个体差异。 5. 要根据发展幼儿运动能力的具体运动活动和不同的运动区域有针对性地进行设计，因地制宜，就地取材。
应用与指导要点	1. 引导幼儿正确使用运动类器械进行运动活动，教会幼儿运动行进间的自我保护方法，提高幼儿的安全防范意识。 2. 根据幼儿年龄特征、个体差异性及材料的特殊性，教师有针对性地设计相关的运动活动，让活动有层次、有挑战，促进幼儿发展。 3. 幼儿是游戏的主人。教师要适时放手，给予幼儿充分的时间和空间让幼儿自主探索、操控运动类器械，感知运动类器械的多种玩法，提高幼儿的思维能力和运动能力。 4. 及时根据幼儿兴趣、运动能力发展水平调整器械的投放。 5. 培养幼儿自己整理玩教具的好习惯，发挥幼儿的主动性。

第二节　运动类玩教具制作与应用案例

基于上节中运动类玩教具制作与应用要点分析，本小节主要对幼儿园教育教学实践中三个运动类玩教具制作与应用的经典案例进行探讨，具体案例呈现如下：

案例1　网乐

遵义市实验幼儿园　钟安素　石丽莉　雷莎

码5-1 网乐
教学视频1

一、设计思路

本套玩教具是依据《3~6岁儿童学习与发展指南》中提出的将走、跑、跳、平衡、钻、爬、投掷七大基本动作延伸至十八大基本动作，本着"安全、科学、好玩、有效、一物多玩"的理念而设计制作的配套体育器械。全套玩教具见图5-1所示。

图 5-1 网乐玩教具全景

二、教学总目标

1. 练习钻爬、走跑、跳跃、平衡、投掷、抛接、球类等多种运动。
2. 开展玩沙、玩水等户外游戏。

三、工具与材料

1. 主材料：建筑安全网、线轴。
2. 辅助材料（工具）：废瓶子、旧网拍子、粗铁丝、网格等。

四、活动案例

1. 制作步骤

本套自制玩教具主要包括球网、网轴、图形网洞、图形网块、钻爬网、大网盘、瓶子马、U形网、网环、网座、网背篓、网袋、渔网、网锤、网格、网球、小沙袋以及辅助材料PU管、绳子、数字卡、瓶子、钩子等，主要由工地废旧安全网、废旧铜线轴、PVC管、废旧塑料管、废旧瓶子等材料结合幼儿园废旧玩具如旧圈、旧架子、旧拍子等制作而成。

做法一：将防护网剪成不规则图形，用白布包边。如图形网洞、排球网。（图5-2）

做法二：将防护网剪成几何图形，并与水管、硬铁丝进行缝制。如图形网块、U形网、网环、网背篓等。（图5-3）

做法三：将防护网与旧瓶子、PVC管、呼啦圈旧架子等进行组合缝制。如木马、篮球网、网格网座等。（图5-4）

做法四：将防护网与废旧铜线轴缝制。（图5-5）
做法五：将防护网与大圆盘缝制。（图5-6）
做法六：将防护网与网格缝制。（图5-7）

2.操作应用

（1）瓶子小木马：小班幼儿练习走跑。
（2）渔网：练习走跑、闪躲。
（3）钻爬网：练习钻爬。
（4）U形网：练习钻爬、跳跃、打门球，几个组合成圆圈作为投掷圈等。
（5）网袋：袋鼠跳、投掷和抛接游戏，作为背包运物或装东西。

图5-2 图形网洞

图5-3 U形网

图5-4 木马

图5-5 铜线轴缝制

图5-6 大圆盘缝制

图5-7 网格缝制

（6）网环：小班幼儿玩开小车，中大班幼儿玩"踩环走"和"爬地滚环走"游戏等。

（7）网轴：小班幼儿用于推动物体或用绳子拖拉滚动；中大班幼儿可将其摆成一列用于练习S线走和踩梅花桩，系绳子踩在脚下作为高跷练习平衡，在两轴中间穿一根管子练习举重，将许多个举重器摆成一排可以练习双脚跳和跨跳，将轴平竖着放插一根管子可以练习套圈。

（8）大网盘：多人合作练习抛接，根据网盘图案加强抛接难度，如晃盘、跳盘、在盘中转圈等。

（9）篮球网、排球网、足球网：除了可以练习这三种球，足球网翻个面或两个球网组合还可变成私密空间，这也是幼儿在玩耍中自己发明的。

（10）图形网洞：将网平铺可跳房子；将网抬高可抬脚踩洞走过，抬得更高可玩"打地鼠"游戏；将网挂高可练习抛球、抛沙包。

（11）图形网块：练习滚、踩、抛接、夹跳等，多块铺跳房子，两块铺当路走、结合其他材料可用图形网块抛接球、系绳子拖拉沙包、装管子做担架运球等，可将图形网块挂在架子上练习纵跳触物和抛击，结合配套数字卡还可以计分。

（12）网格：与网柱组合，自由将瓶子、管子、槽子用钩子自由组合挂在网格上，形成轨道，用于玩沙、玩水。网格和架子组合还可用于挂沙包、玩摘果子游戏等。另外网格可以单独使用，在游戏中用于筛沙子、运东西等。（图5-8）

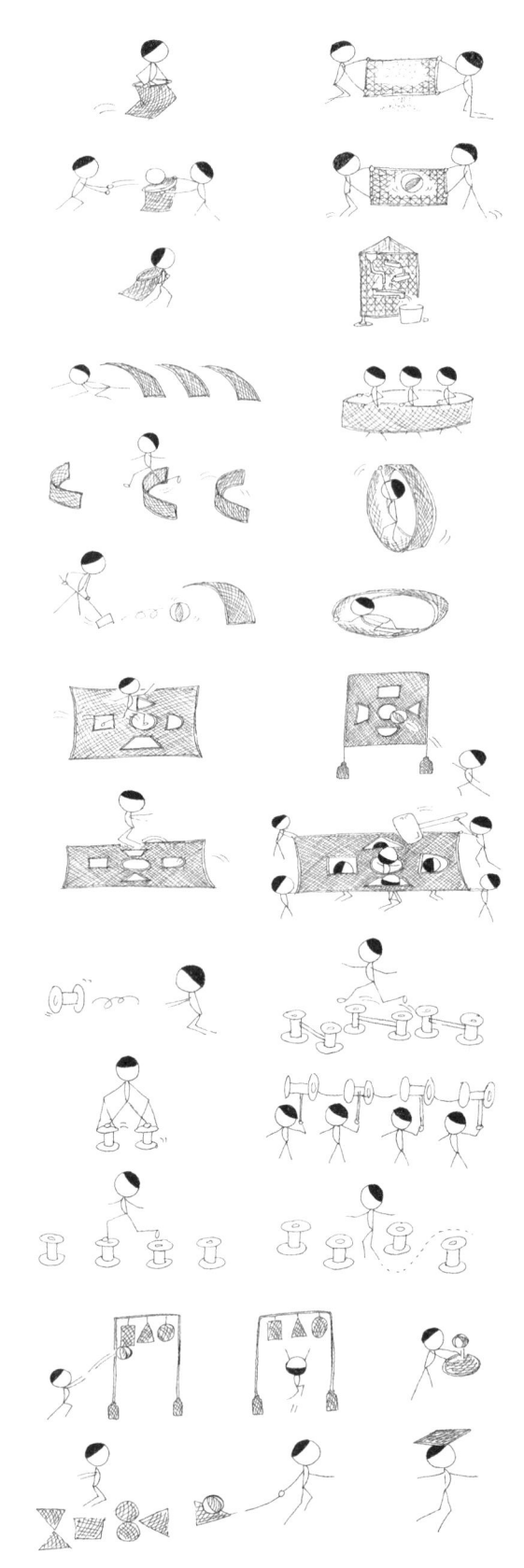

图5-8 网乐玩法参考图

3. 教学案例延伸

好玩的图形网块

［活动目标］

1. 探索图形网块的多种玩法。
2. 体验滚、踩、踩跳、抛、夹跳等玩法的图形网块游戏带来的快乐感受。

［活动准备］

1. 图形网块若干见图5-9所示。
2. "图形网块玩法参考图"见图5-10所示。

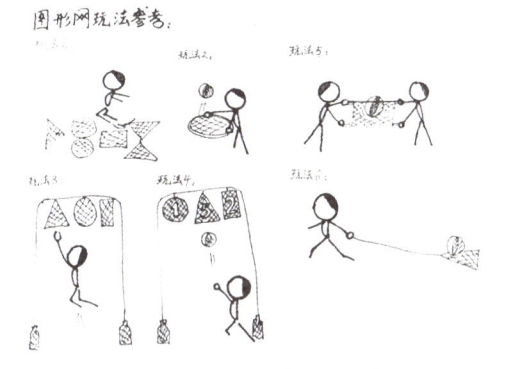

图5-9 图形网块　　　　　图5-10 图形网块玩法参考图

［活动过程］

1. 出示图形网块

2. 自由探索玩法

（1）个别尝试（根据幼儿表现情况适时提供"图形网块玩法参考图"参考）

师：谁能来试试你的玩法？谁有不一样的玩法？（适时引导启发，激发幼儿动脑思考。）

师：你的玩法真好玩！图形网块的玩法还有很多！

（2）幼儿自由探索实践

师：还可以怎样玩呢？大家都来玩一玩，看看谁的玩法多！（通过观察，发现幼儿遇阻或出现问题时进行参与或提示，鼓励幼儿探索多种玩法，利用幼儿的玩法互相启发，激发幼儿多思考、多创造，并留意相互合作的幼儿，让幼儿尝试滚、踩、踩跳、抛、夹跳等玩法。）

（图5-11、图5-12）

图 5-11 抛接　　　　　　　　　　　　图 5-12 夹跳

图 5-13 顶网比赛　　　　　　　　　　图 5-14 荷叶过河

（3）交流演示

师：你玩了几种玩法？谁来演示你的玩法？（教师请想法多样、玩法奇特的幼儿做较多的讲解和演示，激发幼儿大胆创造玩法。）

3. 合作探索玩法

（1）合作演示，激发兴趣

师：刚才有谁和伙伴一起玩了？你们是怎样玩的？谁来演示一下？（如之前没有合作玩的幼儿，则教师找一幼儿合作演示，激发幼儿合作游戏的欲望。）他和伙伴合作玩得好吗？你想和伙伴怎样玩呢？

（2）幼儿合作探索玩法

师：和伙伴一起去玩一玩，看看还有哪些新玩法？（教师观察幼儿，适当帮助没有伙伴的幼儿，给游戏受阻的幼儿以帮助和启发。老师用相机或纸笔记录幼儿的玩法。）

4. 开展竞赛活动

选择一种"受欢迎"的多人玩法开展竞赛活动，如顶网比赛、击网比赛、荷叶过河等。（图5-13、图5-14）

5.回顾活动（回教室呈现幼儿玩网格的图片或视频）

师：谁来讲一讲，你和伙伴是怎样玩的？（教师对幼儿的交往和玩法给予鼓励和肯定。）大家把我们今天的玩法记录下来。

6.延伸活动

师：小朋友能用图形网块玩出这么多好玩的游戏，真是太棒了！那么，我们把材料和大家统计的玩法都放到运动区，每天都和它们做游戏！

五、案例小结

本套玩教具可让幼儿练习钻爬、走跑、跳跃、平衡、投掷、抛接及球类等多种运动。玩具可单人操作，也可多人合作。一物有多种玩法，进行组合后更是变幻多多，可极大地丰富幼儿体育活动及户外活动。

六、所获奖项

全国幼儿园优秀自制玩教具一等奖；贵州省幼儿园优秀自制玩教具一等奖；遵义市幼儿园优秀自制玩教具一等奖。

案例2　稻草家族

遵义市汇川区团泽镇中心幼儿园　田义君　张红梅　陈霞

码5-4 稻草家族教学视频

一、设计思路

稻草是农村随手可取、实用、环保的纯天然材料。在玩教具选材过程中，结合乡镇幼儿园的自身特点，我们选择了稻草作为玩教具的主要材料，首先体现了游戏材料本土化，其次符合幼儿的生活经验，又能激发幼儿的探索欲望和学习兴趣。于是我们对稻草进行了探索与研究，运用捆、绑、编、织、穿等技能进行了制作，我们根据大班幼儿的年龄特点，用稻草制作出了"风雨同舟""稻草滑车""赶小猪""攀爬网"等有助于幼儿体能发展的玩教具，具有较强的实用性和可操作性。

二、教学总目标

1.练习钻、爬、跳、走、投掷、平衡等基本动作，刺激骨骼和肌肉的发育。

2. 发展创造力、合作能力以及平衡能力。

3. 乐于参与体育游戏，体验游戏乐趣。

三、工具与材料

稻草、竹子、麻绳、滑轮、钥匙钩、木板、毛线、花布等。

四、活动案例

1. 活动目标

（1）练习钻、爬、跳、走、投掷、平衡等基本动作，刺激骨骼和肌肉的发育。

（2）培养幼儿创造力、合作能力以及平衡能力。

（3）激发幼儿参与体育游戏的兴趣，体验游戏乐趣。

2. 操作应用一：稻草滑板车

（1）制作步骤

将稻草编制成长方形、簸箕形、三角形等不同形状的底座和绳子，用木板将其固定在底座上，再在木板上安装滑轮。（图5-15至图5-18）

图5-15 长方形稻草滑板车

图5-16 簸箕形稻草滑板车

图5-17 黄包车形稻草滑板车

图5-18 三角形稻草滑板车

（2）具体玩法

玩法一：一名幼儿坐在稻草滑板车上，由另一名幼儿用双手握住绳子朝任何一个方向拖拉前行，此玩法可增强幼儿肩、臂的运动能力。（图5-19）

玩法二：幼儿坐在稻草滑板车上，手拿两根草棍向前滑。（图5-20）

3. 操作应用二：草轮乐

（1）制作步骤

将稻草编制成长110 cm、宽80 cm的长方形，然后形成一个圆柱体，再将蓝花布铺垫在其中心处。（图5-21）

（2）具体玩法

将草轮乐平放在地上，幼儿趴在里面滚动前进。此活动能培养幼儿手脚的灵敏性和协调性。（图5-22）

图5-19 稻草滑板车游戏玩法1

图5-20 稻草滑板车游戏玩法2

图5-21 草轮乐

图5-22 草轮乐的玩法场景

4. 操作应用三：攀爬网

（1）制作步骤

用木头制作出高 120 cm、宽 110 cm 的攀爬架，再用麻绳编制成网状并安装在攀爬架上。（图 5-23）

（2）具体玩法

老师根据幼儿的能力来调节攀爬网的高度，幼儿排队进行攀爬。（图 5-24）

5. 操作应用四：草球

（1）制作步骤

先用竹子编制成球状，直径分别为 50 cm、45 cm，再用编制好的稻草包裹在其外圈。（图 5-25）

（2）具体玩法

游戏可 5~7 人一组进行。以 7 人一组为例（另加两名为替补），将幼儿分为红黄两队，每队为 3 人（两名进攻球员，一名守门员）及一名裁判员和一名记分员。游戏分上下半场，每半场有两局，每局 5 分钟，双方猜拳决定发球者。（图 5-26）

图 5-23 攀爬网

图 5-24 攀爬网的玩法场景

图 5-25 草球

图 5-26 草球的玩法场景

6. 操作应用五：草墩

（1）制作步骤

先用稻草编制草墩：大草墩直径 40 cm、高 28 cm，小草墩直径 24 cm、高 20 cm，再用花布装饰。（图 5-27）

（2）具体玩法

玩法一：过河。把多个草墩摆放成一列，幼儿进行草墩过河游戏，可根据幼儿的承受能力，进行一些简单的负重过河。此活动可让幼儿的专注能力和身体协调能力得到锻炼。（图 5-28）

图 5-27 草墩

玩法二：抢草墩。把多个草墩围成一个圆，再选择多名幼儿出来一起游戏（幼儿人数要多于草墩数），老师手拿铃鼓打节奏，铃鼓响声停止幼儿马上抢草墩，抢到草墩的幼儿为获胜方可继续参加下一轮游戏，没有抢到草墩的幼儿淘汰。（图 5-29）

图 5-28 过河游戏场景

图 5-29 抢草墩游戏场景

7. 操作应用六：草筐

（1）制作步骤

先用竹子编制成草筐形状，再用稻草缠边，草筐共计 4 个（形状各异），尺寸分别为：直径 20 cm/ 高 17 cm、直径 24 cm/ 高 27 cm、直径 28 cm/ 高 29 cm。（图 5-30）

（2）具体玩法

玩法一：幼儿用草棍将草球从起点赶到终点的草筐里。此活动能锻炼幼儿的灵敏性和协调性，促进幼儿下肢肌肉发展。

图 5-30 草筐造型

图 5-31 草筐游戏玩法 1　　　　　　　　图 5-32 草筐游戏玩法 2

玩法二：一名幼儿手持草筐站在线上，用草筐接其他幼儿投出的小球，接的多者为胜。此活动可让幼儿手眼协调能力、专注能力得到锻炼。（图 5-31、图 5-32）

五、案例小结

稻草作为一种极具乡土文化气息的自然材料，通过设计与制作各种造型独特的草编玩具，开展多种形式丰富和玩法多样的游戏活动，不仅可以通过走、跑、跳、钻、爬、投掷等基本动作，促进幼儿大肌肉动作的发展，还可以通过自主游戏探索，激发幼儿的想象力和创造力，促进幼儿语言和社会交往能力的发展，体验童真，感受童趣，真正享受属于自己的童年快乐时光。该套玩教具充分体现了一物多玩、一物多用、一物耐玩、多物创玩的教育价值。

六、所获奖项

贵州省幼儿园优秀自制玩教具三等奖；遵义市幼儿园优秀自制玩教具二等奖。

码 5-5 管兵布阵教学视频

案例 3　管兵布阵

重庆市北碚区黄桷幼儿园　谭沙沙　张世香

一、设计思路

我园地处城乡接合部，农村儿童占比 63%。儿童爱探索发现，擅长废物利用；运动能力、自我服务能力、表达能力、社会交往能力有待加强；游戏活动的自主性、创造性水平还不够高。因此，我们自制了大量玩具，设计开发了户外运动"管兵布阵"系列游戏。

户外体育游戏"管兵布阵"，从挖掘到投放可谓经过了一轮轮的实践和尝试。教师由实践者、操作者转变为设计者、开发者、实施者，通过分析自己班级的情况、儿童的兴趣点，以及老师自身擅长的方面，进行加工、创设、跟进、指导，带给幼儿户外游戏的快乐和发展。

二、教学总目标

1. 幼儿乐于参与运动，提高钻、爬、跑、跳等运动技能。
2. 尝试布与其他材料组合，创新玩法。
3. 学习与同伴分工合作、协商，体验团队活动中的乐趣。

三、制作材料

在此游戏中，我们采用日常生活中的两种物品作为原材料：花布、PVC 管。这两种自然易得的材料，通过团、缝、挖孔、切割、插接等方法被制作成 9 种低结构玩具。（表 5-2）

表 5-2 "管兵布阵"案例制作材料示例表

◇布	1. 布球	2. 布条	3. 布洞
◇PVC 管	4. 直管	5. 接头	6. 管和接头
◇布和 PVC 管	7. 拱门	8. 跨栏	9. 渔网

四、活动案例

（一）游戏初阶：幼儿只能单一地玩

1. 活动目标

（1）自由地玩布球、布条、布洞，探索多种玩法。

（2）让幼儿乐于运动，体验运动带来的乐趣。

（3）在运动中能提高走、跑、跳、爬等基本运动技能。

2. 操作应用：好玩的布球、布条、布洞

（1）制作步骤

第一步：布条。将 320 根 0.8 m 长、2 cm 宽的细布条和 16 根 0.8 m 长、4cm 宽的宽布条两

端缝上隐形扣，方便连接。（图 5-33）

第二步：布洞。将 16 个长 0.8 m、宽 0.7 m 的长方形布块，挖出各种形状（圆形、正方形、三角形、梯形）的洞。（图 5-34）

第三步：布球。用剩下的 40 个布块，包裹纸团，做成直径 10 cm 和 5 cm 的布球。（图 5-35）

图 5-33 布条

图 5-34 布洞

图 5-35 布球

（2）具体玩法

玩法一：顶球。把布球放于头顶上走，同时双手打开保持身体的平衡。（图 5-36）

玩法二：踢球。把布球和布条连接，一只手牵着布条，一只脚用力向前踢布球，此运动可锻炼孩子的手、眼、脚的协调力。（图 5-37）

玩法三：玩布条。将若干布条随意造型，培养孩子的创造力与想象力。（图 5-38）

玩法四：玩迷布世界。将各种几何图形的布洞拼接起来，幼儿双脚并拢跳到相应的图形上。（图 5-39）

图 5-36 顶球

图 5-37 踢球

图 5-38 玩布条摆数字 　　　　　　　图 5-39 玩迷布世界

（3）游戏初阶小结

幼儿在游戏中锻炼平衡走、双脚跳，动作协调、灵敏，会摆出感兴趣的图案，对材料的玩法富有想象力与创造力，并有探索新玩法的愿望。"如何让自己和布洞飞起来"是孩子们的新愿望，也是教师需要追随的新问题。教师思考策略，提供丰富的材料，顺应幼儿的兴趣点，支持幼儿主动探索新玩法。（图 5-40 至图 5-42）

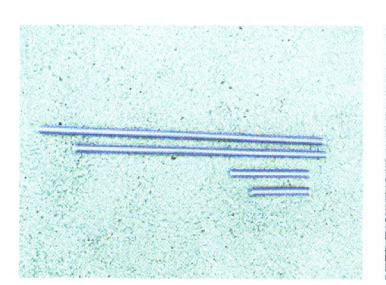

图 5-40 塑料管 　　　　　　图 5-41 接头 　　　　　　图 5-42 塑料管支架

（二）游戏进阶：幼儿主动探索出多种玩法

1. 活动目标

（1）尝试布与其他材料组合，创新玩法。

（2）让幼儿乐于运动，体验合作带来的乐趣。

（3）在运动中能提高走、跑、跳、爬等基本运动技能。

2. 操作应用一：布洞飞起来，火车开起来

（1）制作步骤

第一步：在原有的材料基础上，教师投放新材料。塑料水管（1 m、80 cm、20 cm、10 cm的塑料水管），塑料管接头（直接头、弯接头、三通接头等型号），方便管子与管子的连接，制作水管支架。

第二步:将布洞、布条、塑料水管进行组合。(图5-43)

(2)具体玩法

利用塑料管做布洞的支撑,双手拿起布洞自由走、自由跑。(图5-44至图5-47)

图5-43 材料组合

图5-44 布洞飞起来1　　图5-45 布洞飞起来2

图5-46 双人开火车　　图5-47 多人开火车

3.操作应用二:好玩的山洞

(1)制作步骤

利用长短不一样的塑料管、塑料管支架和布洞组合成"山洞"。(图5-48)

(2)具体玩法

幼儿摆弄布洞,可以是圆形,也可以是其他任意形状,能用手脚并用的方法钻爬。(图5-49、图5-50)

图 5-48 山洞　　　　图 5-49 折角钻山洞　　　　图 5-50 环状钻山洞

图 5-51 塑料管支架　　　　图 5-52 布网

（3）游戏进阶小结

经过这一轮游戏的推进，孩子的运动技能、合作交往能力都有所提高。《指南》倡导尊重幼儿的个体需要，鼓励幼儿自选材料，自主探索玩法。与高结构材料比较，低结构材料更为多元和开放，能够有效激发幼儿的创造性，幼儿通过自选材料进行大胆的组合尝试。通过观察孩子们对材料的重新组合，我们要思考下次游戏活动的目标：投放更多的材料，鼓励幼儿大胆拼搭，提高幼儿钻爬技能。（图 5-51、图 5-52）

（三）游戏高阶：幼儿合作探索立体玩法

1. 活动目标

（1）尝试布与其他材料立体空间组合，创新玩法。

（2）让幼儿乐于运动，体验合作带来的乐趣。

（3）在运动中能提高走、跑、跳、爬等基本运动技能。

2. 操作应用一：乐高突击

（1）制作步骤

将布洞垒高，变出若干的图形孔。（图 5-53）

（2）具体玩法

幼儿手拿布球，利用手臂的力量投进不同高度的布洞。（图 5-54）

图 5-53 垒高布洞　　　　　　　　　　图 5-54 乐高突击

3. 操作应用二：管兵布阵

（1）制作步骤

布洞和布条编织的网组合搭建阵营。（图 5-55）

（2）具体玩法

幼儿双脚并用钻爬入阵、出阵，营内幼儿守护阵地，营外幼儿手握布球攻击营内幼儿，守护阵地且没有被攻击的幼儿为胜利者。（图 5-56 至图 5-58）

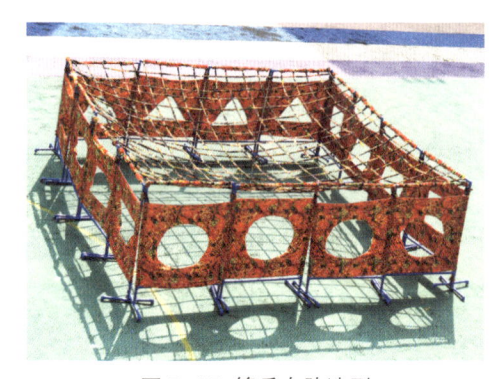

图 5-55 管兵布阵造型　　　　　　　图 5-56 管兵布阵游戏玩法 1

图 5-57 管兵布阵游戏玩法 2　　　　图 5-58 管兵布阵游戏玩法 3

（3）高阶游戏案例小结

经过上次游戏的推进，孩子走、跑、钻爬等运动技能得到一定程度的发展。为了增加游戏活动的挑战难度，我们对布洞的排列进行了调整：将布洞搭建成立体营地，孩子们可以自由地、创造性地游戏。

五、案例小结

在"管兵布阵"活动中，幼儿和教师遇到了很多问题，面对问题，我们共同解决，共同实践，共同探索。游戏活动材料的选择与投放：我们经过查阅相关资料，再结合本幼儿园大班幼儿的生活经验，选择布和管。"布"和"PVC管"是生活中常用的材料，具有低结构、开放性、安全性等特点，适合大班幼儿自主探索。在游戏初阶段，我们投放布的玩具，幼儿自由探索材料，兴趣浓烈。同时，我们也发现问题：运动技能获得层次低，材料玩法单一。每次游戏活动的开展，幼儿只是机械地重复玩耍。面对问题，我们思考如何满足幼儿的探索欲望，引导幼儿与材料有效互动，让幼儿自主探索并创造新玩法。我们逐渐意识到在游戏活动中教师的引导和支持非常重要。

我们作为幼儿的引导者、支持者，要认真观察孩子的游戏行为、游戏对话，并做下记录，游戏后要针对孩子的需要和问题给予回应和支持。面对幼儿对"布洞飞起来"的探索愿望，我们给予肯定和支持并增加材料。面对幼儿能力水平的差异，我们设置不同难度的"挑战点"，比如"不同高度的布洞"。

因此，作为游戏的主人——儿童，他们在"管兵布阵"系列游戏中是快乐地成长着；作为游戏的开发者——教师，我们在"管兵布阵"系列游戏中是专业地成长着！

六、所获奖项

重庆市北碚区幼儿园自制玩教具一等奖。

拓展练习

一、简答题

1. 运动类玩教具的制作材料建议是什么？
2. 教师在制作与应用运动类玩教具时应结合儿童哪些学习与发展规律？
3. 运动类玩教具设计与制作的要点有哪些？
4. 运动类玩教具应用与指导的要点有哪些？

【答案解析】略。

二、论述题

1. 结合本章经典案例分析，举例说明运动类玩教具制作与应用的基本思路。

2. 结合本章具体实例，分析实例中运动类玩教具制作与应用的优点和不足，并根据存在的问题提出合理的建议。

【答案解析】略。

综合实训

1. 根据本章所学内容，以小组为单位，利用身边的自然材料和废旧材料等，组内自己选材，为3~6岁幼儿设计制作一套运动类玩教具，体现多玩法、多功能和耐用性等，并写出作品名称、适合年龄段、设计思路、教育目标、工具材料、活动案例（活动目标、制作步骤、具体玩法）、小结与反思等，下次课前以小组为单位进行展示与评析。

2. 选择一所幼儿园，尝试为该园设计制作一个适合大班幼儿使用的运动类玩教具，并写出使用方法和指导要点。

【答案解析】略。

第六章
艺术类玩教具的制作与应用

【学习目标】

1. 了解艺术类玩教具制作与应用的理论基础。
2. 熟悉艺术类玩教具制作与应用的核心经验及材料建议。
3. 掌握艺术类玩教具设计与制作的要点及应用与指导要点。
4. 通过案例分析与讨论，能理论联系实际，熟悉并掌握艺术类玩教具制作与应用的基本思路，并能迁移创新，提高资源整合能力和主动解决问题的能力，培养选择、批判并建构课程的观念和能力。

【学习重难点】

学习重点：

艺术类玩教具制作与应用的理论基础；艺术类玩教具制作与应用的核心经验及材料建议；艺术类玩教具设计与制作的要点及应用与指导要点；艺术类玩教具制作与应用的基本思路。

学习难点：

通过案例分析与讨论，能理论联系实际，熟悉并掌握艺术类玩教具制作与应用的基本思路，并能迁移创新，提高资源整合能力和主动解决问题的能力，培养选择、批判并建构课程的观念和能力。

【情景导入】

夏琳是一位刚从大学毕业参加工作的幼儿园教师，她活泼开朗，在工作上肯想肯干，全身心地扑在教育工作中，而且每一件事都要求自己做得尽善尽美。夏琳有着良好的绘画功底，因此不论是在班级环境的布置上，还是在玩教具的制作上总能让人眼前一亮，忍不住要拍手称赞。特别是制作的玩教具，那个美观程度简直可以和购买的玩具相媲美。但是时间久了，夏琳发现，自己班的孩子在玩区角游戏时，越来越不喜欢玩自制的玩教具了，孩子们有时只是拿起来，看一会儿或摆弄两下，就放回了原处。她百思不得其解，心想，自己制作的玩教具那么精致，那么美观，孩子们怎么不喜欢呢？

在制作艺术类的玩教具时，除了要注意外形的美观外，还应注重发展幼儿哪些核心经验？作为一名幼儿园教师，如何在活动中给予幼儿科学指导呢？

本章要讨论的正是艺术类玩教具制作与应用要点，以及相应的案例分析。

第一节 艺术类玩教具制作与应用要点

艺术类玩教具制作与应用主要围绕理论支持、儿童学习与发展核心经验、制作材料建议、设计与制作要点、应用与指导要点五个层面进行详细论述。（表6-1）

表6-1 艺术类玩教具制作与应用要点

要点维度	具体内容
理论支持	《指南》在艺术领域指出：艺术是人类感受美、表现美和创造美的重要形式，也是表达自己对周围世界的认知和情绪态度的独特方式。幼儿艺术领域学习的关键在于充分创造条件和机会，在大自然和社会文化生活中萌发幼儿对美的感受和体验，丰富其想象力和创造力，引导幼儿学会用心灵去感受和发现美，用自己的方式去表现和创造美。 《专标》中提道：合理利用教育资源，为幼儿提供和制作适合的玩教具和学习材料，引发和支持幼儿的主动活动。 《纲要》指出：指导幼儿利用身边的物品或废旧材料制作玩具、手工艺品等来美化自己的生活或开展其他活动。
儿童学习与发展核心经验	小班：喜欢涂涂画画和粘贴。能在一些材料上，用简单的线条和色彩画出自己想要的人或事物。喜欢观看大自然中美的事物，容易被自然界中的鸟声、风声、雨声等好听的声音所吸引。喜欢听音乐及观看歌舞表演等，并模仿有趣的动作、表情和声调。 中班：愿意参加各种表演活动。能用不同的形式表现自己的所见所想，能用多种材料表达自己的感受和想象。喜欢倾听各种好听的声音，能敲击不同材质的物品，感受声音的变化，也能敲打节奏和基本节拍。 大班：能利用一些物品，制作一些简易的器乐，并进行表演。能选择不同的材料，制作美术作品布置教室环境、美化生活。能为表演选择和搭配简单的服饰、道具或布景。
制作材料建议	1. 艺术类玩教具的材料选取上，应注重材料的美观和实用性，并注意安全性，方便幼儿拿取。从节约材料和环保方面考虑，可以利用身边的废旧物品，变废为宝。提供纸质类、金属类、棉布类、木质类或竹类等多种材料，便于幼儿选择。 2. 根据不同的艺术活动类型，提供丰富的工具材料。如音乐类的活动中，歌舞表演提供碎布、棉线、丝巾、剪刀、夹子等用于服装、道具的制作；奏乐表演提供各种豆类、橡皮筋、木质材料、金属材料、塑料材料等供幼儿制作乐器的材料，并提供卡纸、画笔、胶水等用于图谱制作。美术类的活动中，图画、粘贴创作活动提供可涂写的纸、各种画笔、颜料、胶水、剪刀、双面胶、棉签等用具。装扮教室及道具时，提供纸盘、竹筒、吸管、棉花等材料。

续表

要点维度	具体内容
设计与制作要点	1. 紧扣《指南》要求，充分创造条件和机会，在艺术类玩教具制作中萌发幼儿对美的感受和体验，丰富其想象力和创造力，了解制作艺术类玩教具的意义。 2. 艺术类玩教具不要过分追求外形的美观，要充分考虑它的教育性、实用性，要教会幼儿具有环保意识，变废为宝，合理地选择制作材料和了解制作的形式。 3. 要有针对性地进行设计，因地制宜，就地取材，并掌握不同材料的基本制作方法，还要充分挖掘地方特色，发扬地方文化，展现玩教具的制作意义。 4. 设计与制作要围绕活动的主题，正确选择材料，要充分体现"玩中学""学中玩""玩中促发展"的活动目标，有目的性地进行玩教具的制作。 5. 要考虑到幼儿的年龄特点，尊重幼儿身心发展的规律，根据不同年龄幼儿的特点，围绕活动目标确定玩教具的制作技能。
应用与指导要点	1. 设置专门的操作位置与空间，有利于幼儿进行个体制作或小组制作。 2. 在操作区设置1m以下的开放式矮柜，方便幼儿取放。置物柜可分为3~4层，分门别类地将工具、材料放入透明的箱子中，并在箱子上贴上物品标签，便于幼儿取放。 3. 在欣赏角处，可摆放各种不同种类、形态的玩教具，让幼儿能自由谈论并探索其玩法。 4. 教师应通过个别辅导，把重点放在幼儿的感受与欣赏、表现与创造上，使每个幼儿在原来基础上都能有所提高，激发幼儿的想象力和学习热情。 5. 培养幼儿自己整理玩教具的好习惯，发挥幼儿的主动性。 6. 艺术类玩教具的制作不仅只为了外观的美丽，而且更要有实用性，能让幼儿在玩中有收获，并得到发展。

第二节 艺术类玩教具制作与应用案例

基于上节中艺术类玩教具制作与应用要点分析，本小节主要对幼儿园教育教学实践中两个艺术类玩教具制作与应用的经典案例进行探讨，具体案例呈现如下：

案例1 "稻"艺有"道"

遵义市播州区乐山镇中心幼儿园 李群芳 何连娜 罗晓霞

一、设计思路

首先，"'稻'艺有'道'"源于我镇为农业镇，享有"花木水乡，康养小镇"之美誉，置身其中拥有独特的自然资源，如稻草、竹子、玉米核、松果、石头、树枝……这些都是低结构的、环保的、取之不尽用之不竭的操作材料；其次，农业镇家庭的经济状况都不是很富足，购买现成玩教具的能力有限。基于此，以稻草为主作为开发幼儿玩教具的操作材料，把大家认为烧火、取暖、草料的东西运用到环境创设与游戏中，结合五大领域开展活动，使幼儿获得发展。特别是将稻草运用到艺术领域，通过探寻有"农"味的材料，增强幼儿变废为宝的意识，培养有初步审美能力、创造力、创新意识的儿童。

二、教学总目标

1. 感知生活中常见稻草的特性，对创意稻草产生浓厚兴趣。
2. 通过自主操作，在创意稻草过程中能大胆地进行设想，拓展创新思维，充分发挥想象力，自主表达创意。
3. 通过自主操作稻草，感受稻草的奇妙变化带来的无穷魅力和乐趣。

三、工具与材料

1. 稻草捆扎系列所需材料（工具）准备：一次性筷子、麻绳、绸带、绳子、碎花布、装饰物等。
2. 稻草缠绕系列所需材料（工具）准备：瓶子、冰棒棍、筷子、木棍等。
3. 稻草粘贴系列所需材料（工具）准备：纸板、卡纸、蛋糕盘等。
4. 稻草绘画系列所需材料（工具）准备：颜料、白布、白纸、无背景材料等。
5. 稻草编织系列所需材料（工具）准备：花布条、麻绳、纸绳等。
6. 稻草立体手工所需材料（工具）准备：纸盒、木棍、竹筒、铁丝、PVC管等。

四、活动案例

（一）系列一：捆扎

1. 活动目标

（1）学习圈、绕、扭、打结、扎等技能。
（2）能将物品捆扎起来不散落。
（3）发展动手能力、创造力、想象力和合作能力。

2. 制作步骤

（1）扎扫帚：抽出多根稻草，先剪齐草根，握成一把，再用绳子分段捆绑即可。
（2）扎稻草人：将稻草剪去头尾，再用两股长的和两股短的进行十字交叉扎。人数分配：

两人合作完成，一人将两股稻草抓住，另一人扎稻草，把稻草捆绑成不同的形状、人物等。

（3）扎花环：将草绳头尾相连扎紧，再用毛线、丝带折叠成弹簧、小花等做装饰。

3. 操作应用（图6-1至图6-5）

图6-1 花环头饰

图6-2 稻草塑料人

图6-3 扫帚装饰

图6-4 稻草人1

图6-5 稻草人2

（二）系列二：缠绕

1. 活动目标

（1）知道草绳可以用稻草搓成。

（2）利用草绳学习缠绕的技巧。

（3）愿意参与艺术创造活动，并大胆表现自己的想法。

图 6-6 花盆 　　　　　　　　　　图 6-7 草帽舞

图 6-8 顶飞盘走平衡 　　　　　　图 6-9 踢球

2. 制作步骤

（1）装饰缠绕：先用稻草在瓶子、竹筒、纸筒等物上，按照从下往上或从上往下的顺序进行缠绕，再用不同颜色的线、彩纸、麻绳等装饰物进行装饰。

（2）制作草帽：用竹片交叉捆扎，弯折出帽子雏形，再将草绳交叉缠绕到竹片上。

（3）绕飞盘：用两根长棍十字交叉，再将稻草绳在交叉的十字架上缠绕成盘状。

（4）绕草球：将草绳缠绕成球状。

3. 操作应用（图 6-6 至图 6-9）

（三）系列三：粘贴

1. 活动目标

（1）了解稻草在粘贴活动中的多种用处。

（2）尝试用剪、贴、弯、折、捏等方法进行粘贴。

（3）自主发挥想象力、动手创造、创设玩法。

2. 制作步骤

（1）稻草创意粘贴画：幼儿先用剪刀将稻草剪成各种长度的稻草段，再将剪好的稻草段根据自己的想象进行粘贴，形成不同的作品。教师可以在帮助幼儿初步了解稻草多种用处的基础上，让幼儿自主发挥想象力、动手创造、创设玩法。幼儿用长短不一的稻草拼成不同形状的物体，如"运动的人""各种车辆""形状不一的房子""不同形状的小鱼"等，这些艺术作品可布置在活动室里。

（2）草鞋：将不同材料剪出鞋的造型，先用稻草粘贴鞋垫，再用稻草以平行、交叉的方式粘贴鞋面。

3. 操作应用（图6-10至图6-13）

图6-10 小鱼

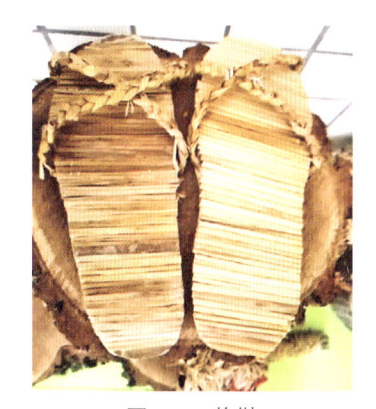

图6-11 拖鞋

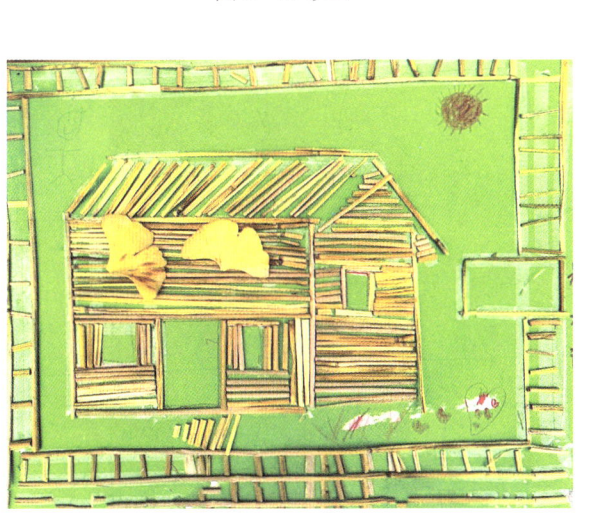

图6-12 房子

图6-13 小人

（四）系列四：绘画

1. 活动目标

（1）学习利用稻草制作绘画工具。

（2）主动运用稻草特性，使绘画的过程更具特色。

（3）提升发现美、创造美的能力。

2. 制作步骤

捆扎一小把稻草秆，然后选择喜欢的颜料进行拓印绘画，也可以捆扎多个稻草结，用稻草结蘸取各种颜料随意投掷到白布上进行绘画创作，还可以在稻草作品上绘画。在游戏的过程中，不仅可以培养幼儿投掷、点、抖等手部动作，还能培养幼儿的审美及创意，同时，在集体创作中，幼儿的语言交流能力和合作能力都能得到很好的锻炼。

3. 操作应用（图6-14至图6-17）

图6-14 勾画

图6-15 装饰

图6-16 给海绵宝宝穿衣服

图6-17 海绵宝宝

（五）系列五：编织

1. 活动目标

（1）学习交叉编织的方法。

（2）通过编织锻炼幼儿手的灵活协调性。

（3）能有条理、耐心地操作。

2. 制作步骤

将稻草进行三股编织，编出草辫、草绳、草帘、草饼、草垫等。

3. 操作应用（图6-18至图6-21）

图6-18 一个人编

图6-19 两个人编

图6-20 编织草绳装饰墙面

图6-21 编织草饼装饰墙面

（六）系列六：立体手工

1. 活动目标

（1）学习拼、贴、剪、撕、捏、折、扎等技能。

（2）提高运用多种材料进行组合、变形、创意的能力。

（3）进一步提高动手能力、观察能力、想象力和创造力。

2. 制作步骤

将稻草和辅助材料结合使用，创造立体作品。

3. 操作应用（图6-22、图6-23）

图6-22 立体房子

图6-23 立体娃娃

五、案例小结

教育家陈鹤琴先生曾说过："大自然是我们的知识宝库，是我们的活教材。"稻草在农村田野上更是随处可见，但是对于稻草如何玩，孩子们了解得较少，所以充分利用身边随手可得的稻草，可以让孩子在与稻草互动的过程中感受、体会创意无穷的乐趣和提高创造美的能力，使稻草发挥教育价值。

一是遵循幼儿天性，充分利用地域优势，凸显自然教育的理念。

利用好自然材料打造优美大方、清新自然、舒适和谐的幼儿生活环境。通过收集大自然中的稻草资源，幼儿可学习制作稻草编织、稻草装饰画、稻草人等玩教具。让幼儿学会利用自然资源，变废为宝，把生活中的常见物变为艺术作品，变独立物为综合物，体现一物多玩、一物多用的价值，凸显村级园亲近自然的理念。

二是多主体互动，整合资源，发挥教育最大合力。

稻草是幼儿随处可见的东西，所以不会觉得新奇和有趣，可一旦把稻草搬进课堂，让幼儿发挥自己的想象去创造，效果就不一样了。稻草可塑性强，富有生气，能够激发幼儿想象力、创造力，具有很好的教育价值。围绕"稻草可以怎么玩"的话题展开讨论，师幼互动、家园协作，让幼儿在开放、真实、自然的环境中探索自然材料——稻草的玩法，培养主动探索、勤于思考、善于创新的精神，发挥教育的最大合力。

案例2　石头记

遵义市播州区实验幼儿园　禹登艳　陈发维　赵利利

一、设计思路

孩子的天性就是亲近自然，现在多数幼儿家庭条件优越，玩具皆是精美制品，缺失了天然的东西。为了顺应孩子的天性，培养幼儿健康的体质、活泼的性格，我们选用低结构的纯天然、成本低、普通且易推广的石头设计此自制玩教具。

二、教学总目标

1.喜欢倾听各种好听的声音，感知声音的高低、长短、强弱等变化。
2.能用不同材质的石头和材料制作出各种作品，表达自己的感受和想象。
3.萌发幼儿对美的感受和体验、丰富想象力，用心感受、发现美，用自己的方式表现美、创造美。

三、工具与材料

1.音乐系列材料（工具）准备：各种石头、奶粉罐、玻璃瓶、矿泉水瓶、木棒、铁棍等。
2.美术系列材料（工具）准备：颜料、操作盒、抹布、桌布、石头、排笔、丙烯颜料、木棍、卡纸、胶水、超轻黏土、颜料、棉签、黑色记号笔、花盆、抹布等。

四、活动案例

（一）系列一：好听的声音（音乐类）

1.活动目标
（1）通过摇一摇、敲一敲，感知声音的高低、长短、强弱等变化。
（2）感受石头与其他物体碰撞发出各种不同的声音。

图6-24 叮叮当当玩教具展示

图6-25 分辨声音游戏

图6-26 敲击游戏

2. 操作应用一：叮叮当当

（1）制作步骤

第一步：用木条制作成木架子。

第二步：在木架上装订钉子，用于挂瓶子。

第三步：将各种大小不一样的石头装进瓶子里。（图6-24）

（2）具体玩法

玩法一：两人游戏，指导幼儿将布套套住瓶身，握住瓶子上下、左右摇晃，引导幼儿根据瓶子里石头的大小、多少分辨发出声音的不同。（图6-25）

玩法二：在木架上取下敲击棒，用金属部位和木条部位敲击瓶身，感知不同部位发出的声音。（图6-26）

玩法三：根据瓶子位置，体验音高是由瓶子的高低决定的，还可以延伸到科学领域开展点数、对应、排序、分类、找规律等。

3. 操作应用二：石头瓶子好朋友

（1）制作步骤

第一步：选择大小不同、材质不同的石头。

第二步：选择大小不同、材质不同且不易碎的瓶子或罐子。

（2）具体玩法

玩法一：选择木棒、铁棒在各种石头上进行敲击，感知声音的不同。（图6-27）

玩法二：将不同的石头装进瓶子里摇一摇，感知声音的变化。（图6-28）

玩法三：将各种石头互相碰一碰，感知声音的强弱。（图6-29）

图 6-27 敲一敲 　　　　　　　　　　　图 6-28 摇一摇

图 6-29 石头碰一碰 　　　　　　　　　图 6-30 瓶子碰一碰

玩法四：将装有石头的瓶子互相碰一碰，感知声音的大小。（图 6-30）

（二）系列二：趣味石头

1. 活动目标

（1）在玩色游戏中学会观察混色的效果，体验玩石的乐趣。

（2）发展幼儿思维的准确性、灵活性，激发幼儿玩石的乐趣。

（3）欣赏各种仙人掌，感知其外形特征，根据石头的造型画出各种各样的仙人掌。

（4）能根据石头的形状，尝试运用多种方法制作石头画，充分发挥想象，大胆尝试创作出与众不同的作品。

图 6-31 滚石画 1　　　　　　　　　　　　图 6-32 滚石画 2

2. 操作应用一：滚石画

（1）制作步骤

第一步：给石头上色，用排笔沾上颜料给石头涂上颜色。

第二步：将涂好色的石头放在盒子里翻滚，翻滚时不要将石头滚出盒子。

（2）具体玩法

将涂好色的石头（可以是单一颜色的石头，也可以是复合颜色的石头）放在盒子里翻滚，让石头在翻滚的过程中呈现不同纹路、不同色彩相碰撞的造型。（图 6-31、图 6-32）

3. 操作应用二：石头接龙

（1）制作步骤

第一步：用记号笔在石头上画出各种各样的线条。

第二步：画的线条可以是直线、曲线、波浪线、螺旋线等。

（2）具体玩法

将画上线条的石头进行接龙，线条与线条进行连接，连接成不同的造型。（图 6-33、图 6-34）

4. 操作应用三：仙人掌

（1）制作步骤

第一步：选择几个自己喜欢的石头，构思想要画什么样的仙人掌。

第二步：用棉签蘸上颜料在石头上画出仙人掌的图案（刺和花朵）。

（2）具体玩法

将画好的仙人掌插到装有沙土的盆里让它立起来，最后可以取一些超轻黏土做些小花或者小果子粘在仙人掌上。

图 6-33 石头接龙 1　　　　　　　　图 6-34 石头接龙 2

图 6-35 石头画故事表演　　　　　　图 6-36 石头装饰画

5. 操作应用四：石头画

（1）制作步骤

第一步：选择好石头后，在石头上均匀地涂上颜料。

第二步：待颜料干后，在石头上进行作画，可以根据自己已有的经验画上自己喜欢的图案。

（2）具体玩法

玩法一：将做好的石头划分角色，进行故事表演。（图 6-35）

玩法二：将画好的石头画与木棍组合，粘贴在涂好底色的卡纸上，做成装饰画。（图 6-36）

五、案例小结

《指南》中提到：艺术是人类感受美、表现美和创造美的重要形式，也是表达自己对周围世界的认识和情绪态度的独特方式。本套玩教具集艺术性、教育性、创造性、审美性于一体，通过提供丰富的低结构材料——石头，创造机会和条件，并给予孩子适当的指导，使幼儿自发的艺术表现和创造得到极大的尊重和发挥。

拓展练习

一、简答题

1. 艺术类玩教具的制作材料建议是什么？
2. 教师在制作与应用艺术类玩教具时应结合儿童哪些学习与发展规律？
3. 艺术类玩教具设计与制作的要点有哪些？
4. 艺术类玩教具应用与指导的要点有哪些？

【答案解析】略。

二、论述题

1. 结合本章经典案例分析，举例说明艺术类玩教具制作与应用的基本思路。
2. 结合本章具体实例，分析实例中艺术类玩教具制作与应用的优点和不足，并根据存在的问题提出合理的建议。

【答案解析】略。

综合实训

1. 根据本章所学内容，以小组为单位，利用身边的自然材料和废旧材料等，组内自己选材，为3~6岁幼儿设计制作一套艺术类玩教具，体现多玩法、多功能和耐用性等，并写出作品名称、适合年龄段、设计思路、教育目标、工具材料、活动案例（活动目标、制作步骤、具体玩法）、小结与反思等，下次课前以小组为单位进行展示与评析。

2. 选择一所幼儿园，尝试为该园设计制作一个适合大班幼儿使用的艺术类玩教具，并写出使用方法和指导要点。

【答案解析】略。

第七章
综合类玩教具的制作与应用

【学习目标】

1. 了解综合类玩教具制作与应用的理论基础。
2. 熟悉综合类玩教具制作与应用的核心经验及材料建议。
3. 掌握综合类玩教具设计与制作的要点及应用与指导要点。
4. 通过案例分析与讨论，能理论联系实际，熟悉并掌握综合类玩教具制作与应用的基本思路，并能迁移创新，提高资源整合能力和主动解决问题的能力，培养选择、批判并建构课程的观念和能力。

【学习重难点】

学习重点：

综合类玩教具制作与应用的理论基础；综合类玩教具制作与应用的核心经验及材料建议；综合类玩教具设计与制作的要点及应用与指导要点；综合类玩教具制作与应用的基本思路。

学习难点：

通过案例分析与讨论，能理论联系实际，熟悉并掌握综合类玩教具制作与应用的基本思路，并能迁移创新，提高资源整合能力和主动解决问题的能力，培养选择、批判并建构课程的观念和能力。

【情景导入】

一天午饭后，几个小朋友在一起玩花花绿绿的小布袋。小雅一个红，一个黄，不断重复这样的规律将一个一个的小布袋首尾相扣，做了一条"毛毛虫"；小涵将一个一个的小布袋首尾相连再卷成团后，用扭扭棒做了两条触角，"蜗牛"就做好了；小西用布袋做了一只"小鸭子"。小雅说："我是一只好饿好饿的毛毛虫，星期一我吃了一个苹果，星期二我吃了两个梨子……"小涵说："你好呀！毛毛虫，我是一只小蜗牛，我们一起去草地上玩吧？"小西说："毛毛虫、蜗牛，你们好！我是小鸭子，我捉鱼给你们吃，好吗？"三个小朋友用小布袋做成的玩偶边讲故事边表演，玩得很开心。简简单单的小布袋既可以帮助幼儿学习数学模式，又可以用于美工创作，还可以帮助幼儿创编表演故事。

在幼儿园应该多投放像小布袋这样的低结构、开放性、功能多的综合类玩教具。那综合类玩教具在制作和应用时要注重发展幼儿哪些核心经验？其制作与应用要点有哪些？作为一名幼儿园教师，如何在应用中给予幼儿相应的科学指导呢？

本章要讨论的正是综合类玩教具制作与应用要点，以及相应的案例分析。

第一节 综合类玩教具制作与应用要点

综合类玩教具制作与应用主要围绕理论支持、儿童学习与发展核心经验、制作材料建议、设计与制作要点、应用与指导要点五个层面进行详细论述。（表7-1）

表7-1 综合类玩教具制作与应用要点

要点维度	具体内容
理论支持	《规程》中指出：幼儿园应当配备适合幼儿特点的桌椅、玩具架、盥洗卫生用具，以及必要的玩教具、图书和乐器等。玩教具应当具有教育意义并符合安全、卫生要求。幼儿园应当因地制宜，就地取材，自制玩教具。 《专标》中指出：合理利用资源，为幼儿提供和制作适合的玩教具和学习材料，引发和支持幼儿的主动活动是幼儿教师必须具备的专业能力。 《纲要》中提道：教师要指导幼儿利用身边的物品或废旧材料制作玩具、手工艺品等来美化自己的生活或开展其他活动。
儿童学习与发展核心经验	小班：对综合类玩教具感兴趣，能尝试手眼协调地进行简单的操作；能用简单的语言表达操作体验；能遵守简单的游戏规则，不乱丢玩具材料。 中班：喜欢操作综合类玩具和材料，能手眼协调地进行较复杂的操作；能够清楚连贯地表达操作体验；能根据需要尝试创意性地拆分或组合；能爱惜和合理使用操作材料，并有序地整理物品，做到物归原位。 大班：能操作具有一定挑战性的综合类玩具和材料，活动时能与同伴分工合作，遇到困难时能一起克服，与同伴发生冲突时能自己协商解决；能够有目的地选用和替代游戏玩具，以及根据需要自制有关的玩具；能够与他人分享自己获得的经验；能主动整理操作材料和场地，保持活动场地的整洁有序。
制作材料建议	1. 在综合类玩教具的材料选取上，需要综合考虑材料的安全性、适用性、耐用性和清洁的方便性，注重纸质材料、木质材料、毛绒布类材料、塑料材料、金属材料、自然材料等多种材料的选择，便于幼儿多感官的材料感知。 2. 根据综合活动的不同类型来提供丰富的制作材料。如阅读类活动可提供一些用来自制或修补图画书的各种纸、笔、信封、卷筒纸芯、剪刀、胶水、胶棒、双面胶、透明胶、订书机、打孔机等；表演类活动可提供卡纸、皮筋、彩纱、碎布、袜子、手套、树枝、鲜花等材料；操作类活动可提供牛奶盒、鞋盒、旧报纸、纸袋、废旧纸箱、线绳等材料。
设计与制作要点	1. 在自制玩教具之前，教师要明确自制玩教具的原则、设计意图、特点以及在教育教学、游戏活动中的实践效果，然后再进行选材、制作。 2. 紧扣《纲要》要求，教师要充分考虑按照五大领域内容来设计，要符合现代教育理念，要把新理念物化到幼儿玩教具的设计制作上。

续表

要点维度	具体内容
	3. 在创新的前提下，不能脱离它的价值，不要过分追求逼真和好看，要考虑它的教育性、实用性、安全性、耐用性，玩法和功能应丰富多样，有突破、要安全，便于清洗、消毒和组装。 4. 要有针对性地进行设计，因地制宜，就地取材，充分挖掘地方特色，反映出浓厚的生活环境特点以及教育教学的新观念、新思考、新水平，注重材料的综合性、功能的综合性和可持续性，充分发挥玩教具一物多用、一物多玩的特点。 5. 设计与制作要充分展现幼儿教育"活动游戏化""游戏趣味化""趣味学习化"的特点，把玩教具制作和幼儿游戏活动联系在一起，进行综合性的设计，充分考虑玩教具的结构、色彩、功能和创新。 6. 要考虑到幼儿的年龄特点，尊重幼儿身心发展的规律，充分利用生活中废旧物品，千变万化之中体现教育理念的贯彻和体现想象力与创造力的发挥。
应用与指导要点	1. 有的放矢，既要考虑幼儿的年龄特点、实际能力水平，也要考虑玩教具与课程内容的融合，充分发挥它的教育功能，还要注意各领域能力的发展和种类的均衡性。 2. 引导幼儿自己探索，幼儿需要时间和机会去探索他们玩过或者没有玩过的玩教具，去感知它们的形状、大小、重量和结构，去熟悉它们所呈现出来的不同的功能。 3. 适时适度进行鹰架指导，适当指导就是要求教师要熟悉玩教具的使用方法和功能，在观察分析幼儿的行为表现及发展水平后，用正确、灵活多样的方法，从实际出发，对幼儿进行指导或调整玩教具的投放和使用。 4. 培养幼儿自己整理玩教具的好习惯，发挥幼儿的主动性。

第二节 综合类玩教具制作与应用案例

基于上节中综合类玩教具制作与应用要点分析，本小节主要对幼儿园教育教学实践中三个综合类玩教具制作与应用的经典案例进行探讨，具体案例呈现如下：

案例1　簸箕乐园

遵义市播州区实验幼儿园　赵维　谭玲

码7-1 簸箕乐园教学视频

一、设计思路

教育家卢梭曾说过：教育应适应自然，大自然就是一本有用、真实和易学易懂的书。而我区村级幼儿园居多，大自然就是我们最大的优势。簸箕画作为一种艺术品，在它起源与发展的过程中，我们看到了一个家用的簸箕从实用品走上了美的殿堂、艺术的天地。这启发并激励了我们想把这个农家随处可见的簸箕也带进我们的幼儿园，让它成为孩子们的簸箕乐园。所以我们因地制宜，发挥农村特色，充分利用自然材料制作而成的簸箕，来自制本次玩教具。

二、教学总目标

1. 通过运动系列游戏发展幼儿投掷、跨跳、平衡、跑等能力及动作协调性和灵敏性，同时促进幼儿力量、耐力、大运动和手部精细动作的发展。

2. 通过益智系列游戏培养幼儿对数字、量及未知现象的敏感性，促进幼儿观察、分析、判断、探究等方面思维能力的发展。

3. 通过艺术系列游戏和拼搭游戏培养幼儿初步的艺术表现力，促进其想象力和创造力的发展。

4. 通过游戏促进幼儿语言表达能力和社会交往能力的发展，同时培养幼儿良好的团队合作意识。

三、工具与材料

1. 主要材料：簸箕。
2. 辅助材料（工具）：彩带、绳子、水管、木棒、铁钩、小球、沙包、泡泡水等。

四、活动案例

（一）簸箕系列一：齐心协力

1. 活动目标

（1）发展幼儿动作的协调性和灵活性。

（2）通过接球使幼儿具有一定的力量及耐力。

（3）学会合作与协商解决问题，体会合作的重要性，学会分工合作。

2. 制作步骤

在中号簸箕边缘打6个孔，每个孔系一根手指粗的绳子，然后将簸箕包边即可。

3. 操作应用

邀请3~6位幼儿参与活动，每位幼儿手持1~2根线，将线绷紧，齐心协力将簸箕中的球抛起来并接住，球落地游戏即结束。（可选取一位幼儿担任组长，指挥小组协商完成游戏）。教师根据抛接球次数多少给予小组相应奖励。（图7-1、图7-2）

图 7-1 合作接球　　　　　　　　　　　图 7-2 合作抛球

（二）簸箕系列二：时空隧道

1. 活动目标

（1）发展幼儿手眼的协调性和动作的灵活性。

（2）学会专注完成游戏和任务。

（3）认识 1~10 的数字及顺序。

2. 制作步骤

取 10 节水管进行涂色，用胶枪将其粘贴至中号簸箕中部，使其错落有致，并对中号簸箕进行包边即可。

图 7-3 时空隧道

3. 操作应用

幼儿双手持时空隧道簸箕，以轻微摇晃的方式，使簸箕中的小球晃动起来随意通过数字隧道或按数字顺序通过隧道。（图 7-3）

（三）簸箕系列三：风火轮

1. 活动目标

（1）发展幼儿动作的协调性和灵活性。

（2）通过奔跑使幼儿具有一定的耐力。

2. 制作步骤

将簸箕圆心处打孔，取空心螺帽一颗嵌入孔内并用胶枪固定，再取长铁钩一根，并对簸箕整体包边、装饰即可。

3. 操作应用

将长棍钩钩住簸箕正中心的小圆洞，单手握住长棍，幼儿奔跑时利用棍子带动簸箕向前滚动，持续奔跑直到簸箕停止滚动。（图 7-4）

图 7-4 滚动中的簸箕

图 7-5 比一比

图 7-6 加一加

图 7-7 再比一比，我们一样长了

（四）簸箕系列四：毛毛虫有多长

1. 活动目标

（1）通过观察、比较、分析，发现物体的特征及前后的变化，发展幼儿初步的探究能力。

（2）感知和理解数、量及数量关系。

2. 制作步骤

第一步：取小号簸箕，将其盘面打孔，并固定在一个小桶上方。

第二步：取长短不一的彩带若干，用颜色间隔代表长度刻度，且每条彩带首尾均用魔术贴 AB 面固定。

第三步：用无纺布制作毛毛虫头像，并在背面粘贴魔术贴。

第四步：簸箕盘面每个打孔处均塞入一条彩带。

3. 操作应用

玩法一：（拉）两名幼儿随意选择一个毛毛虫头，用力拉出比较长短。

玩法二：（比）比较选出谁的毛毛虫身体更短。

玩法三：（确定量）通过直观比较，点数圆点（方格）等方法确定短多少。

玩法四：（选取量）根据确定短多少的量，选取适宜长短的毛毛虫身体。

玩法五：（粘）通过魔术贴粘贴加长现有较短毛毛虫的身体。

玩法六：（比）比较是否和另一名幼儿的毛毛虫一样长。（图 7-5 至图 7-7）

（五）簸箕系列五：十二生肖变装记

1. 活动目标

（1）培养幼儿具有初步的艺术表现与创造能力。

（2）学会根据角色自由搭配服装。

（3）能简单用语言描述自己的作品。

2. 制作步骤

取大中小号三个簸箕，小号簸箕上粘贴十二生肖头像图片，中号簸箕上粘贴各种衣服图片，大号簸箕上粘贴各种下装图片。三个簸箕以圆心重合叠起来，在圆心处打孔并固定三个簸箕，固定方法不能影响簸箕转动。

3. 操作应用

幼儿自由选取喜欢的小动物，在簸箕转盘上为其搭配相应的服饰，并用语言描述其作品。（图7-8）

（六）簸箕系列六：簸箕律动

1. 活动目标

（1）能利用簸箕敲打节拍和基本节奏。

（2）尝试利用铃鼓进行艺术表演。

2. 制作步骤

在小号簸箕边缘打孔，每个孔串三片锤平的啤酒盖，再对其整体进行包边装饰即可。

3. 操作应用

幼儿手持簸箕自由拍打，配合自己进行艺术表演或按既定节奏拍打体验律动。（图7-9）

图 7-8 转动簸箕搭配服饰

图 7-9 拍一拍

（七）簸箕系列七：滚珠画

1. 活动目标

（1）喜欢多种多样的艺术形式并大胆表现。

（2）发展幼儿手眼协调能力。

2. 制作步骤

将中号簸箕包边即可。

3. 操作应用

取一张白纸平放在簸箕中，夹取沾有颜料的小珠子放在簸箕中，手持簸箕摇动小珠子，让小珠子在白纸上自由作画，可按幼儿喜好多次换取沾有各种颜色的小珠子作画。（图7-10）

图 7-10 滚珠画创作中

（八）簸箕系列八：簸箕画

1. 活动目标

（1）喜欢多种多样的艺术形式并大胆表现。

（2）经常涂涂画画、粘粘贴贴并乐在其中。

2. 制作步骤

将中号簸箕包边作为画板即可。

3. 操作应用

幼儿自由选取材料，利用簸箕当画板在簸箕上自由作画。（图7-11、图7-12）

图 7-11 丙烯画　　　　　　　　　　图 7-12 豆子粘贴画

（九）簸箕系列九：簸箕拼插乐

1. 活动目标

（1）鼓励幼儿拆装和动手自制玩具。

（2）发展幼儿想象力和创作力。

（3）乐于向同伴和老师讲解自己的作品。

2. 制作步骤

投入大小不同、款式各异的簸箕若干，并搭配木棍和超轻黏土进行建构拼插。

3. 操作应用

幼儿利用不同形状、大小的簸箕进行自由拼装，组合成自己喜欢的玩具。（图 7-13 至图 7-15）

图 7-13 选取材料

（十）簸箕系列十：小沙包回家

1. 活动目标

（1）通过顶物走线，赶物，配合接物、抛物等动作使幼儿具有一定的平衡能力及动作协调能力。

（2）使幼儿具有一定的力量和耐力。

（3）学会合作完成游戏，知道合作的重要性。

2. 制作步骤

第一步：将小号三角簸箕的一个角与长木棍固定并对其进行包边处理，用于赶和接。

第二步：对小号圆形簸箕进行包边处理，用于顶和接。

第三步：给大号圆形簸箕涂色，并涂成环状图，再固定在水管支架上。

图 7-14 小拖车

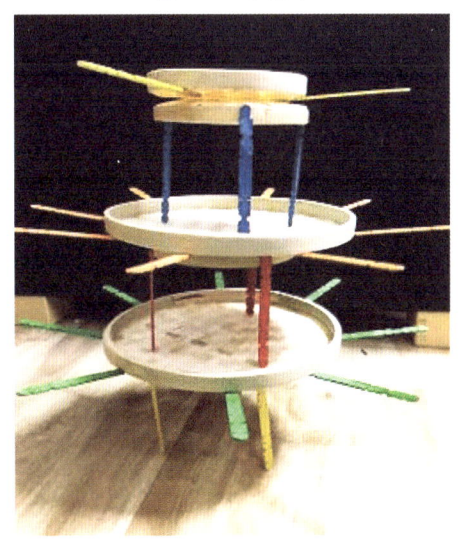

图 7-15 吊脚楼

图 7-16 赶沙包 　　　　　　　　　　　　图 7-17 接沙包

图 7-18 顶沙包 　　　　　　　　　　　　图 7-19 投掷沙包

3. 操作应用

将相应簸箕设置成赶小猪、连环接球、顶物走线、投靶等游戏关卡，幼儿可根据关卡设置一一进行接力闯关，也可单独进行每项游戏，从而达到锻炼的目的。（图 7-16 至图 7-19）

（十一）簸箕系列十一：运动大循环

1. 活动目标

（1）通过跑、跨、跳、钻爬等动作发展幼儿动作的协调性和灵敏性。

（2）使幼儿具有一定的力量和耐力。

（3）结合活动内容对幼儿进行安全教育，注重在活动中培养幼儿的自我保护能力。

2. 制作步骤

第一步：取中号簸箕，将其一端固定在一个木方块上，用于跨跳。

第二步：对中号簸箕进行包边装饰，用于地面跳跃。

第三步：将中号簸箕两边分别固定在两根水管上，用于爬行。

图 7-20 跨跳

图 7-21 单、双脚跳

图 7-22 匍匐前进

3. 操作应用

将相应簸箕设置成跨栏、跳房子、山洞等游戏关卡，幼儿可根据关卡设置一一进行接力闯关，也可单独进行每项游戏，从而达到锻炼的目的。（图 7-20 至图 7-22）

五、案例小结

作为村级幼儿园居多的城市，充分挖掘本地游戏资源，传承和创新民间游戏，使我区幼儿游戏材料本土化，是本次自制玩教具选题的初衷。这不仅促发了老师们的高阶思维，同时本套自制玩教具的应用也取得了较好的实践效果。

六、所获奖项

全国幼儿园优秀自制玩教具一等奖；贵州省幼儿园优秀自制玩教具一等奖；遵义市幼儿园优秀自制玩教具一等奖。

案例2　哇！镜子！

遵义市实验幼儿园　刘敏　刘清　全雯

一、设计思路

"哇！镜子！"主要选用生活中最常见的物品——镜子，搭配各种辅助材料制作而成。本套自制玩教具借助镜面反射光线的原理、镜面组合后形成重复成像的原理，以及亚克力镜片组可任意组合的特性，逐步将单面镜、多面镜、组合镜一一呈现在了孩子们的面前，孩子在这些组合镜面中展现着惊讶、惊奇和惊喜，这为幼儿构建了可充分想象、创造和多变的视觉空间，凸显了简单有趣、操作方便、开放性强、探索性强等特点。

二、教学总目标

1. 感知镜面反射、成像的特点，探索光斑、反复成像的形成，激发幼儿探索光影的兴趣。
2. 在图形镜片的拼搭中感知各种图形的特点及立体图形的形成与特点，感受平面图形与立体图形的不同，发展幼儿逻辑思维能力及空间思维能力。
3. 通过创意拼搭，发展幼儿想象力、创造力及空间想象能力和操作能力。
4. 在镜面成像中欣赏并感知单独纹样图案。
5. 运用光影游戏和剪影图片，在光影中进行创编故事，发展语言表达能力。

三、工具与材料

1. 主要材料：镜子，分为单面镜光斑器、三面镜架、四面镜箱、五面镜柜、亚克力磁力镜片组。
2. 辅助材料（工具）：台灯、彩色灯、电筒、串灯、纽扣灯、幕布、亚克力多功能桌、铃铛、剪影图片、光影图片等。

四、活动案例

（一）科学类

1. 活动目标

（1）感知镜面的反射作用，探索光斑的形成，激发幼儿探索光影的兴趣。

（2）在镜面成像中感知轴对称图案和中心对称图案，了解对称的特点。

（3）通过镜子与镜子的反复成像，在无限延伸的视觉空间中感知空间方位。

（4）感知影的形成以及光与影的关系。

2. 制作步骤

（1）单面镜：将镜片剪成不同形状，贴在孩子便于拿取的木板上。

（2）三面镜：将镜片分别贴在约长 50 cm、宽 30 cm，长 50 cm、宽 60 cm，长 50 cm、宽 30 cm 的木框上，用铰链连接，背后用木条支撑。

（3）剪影图：用塑料片刻成各种剪影图。

（4）透明片：用透明的塑料片剪成各类图形。

3. 操作应用

（1）光斑游戏：利用镜子本身的图形和光斑造型器，形成不同造型的光斑，感知镜子与光源的距离改变光斑的大小；加入彩色透明片，帮助幼儿感知不同色彩的透明片与镜子结合，可形成不同色彩的光斑。（图 7-23）

（2）投影游戏：利用三面镜、光源和幕布，在三面镜上摆放剪影图、彩色透明片，使其在幕布上形成投影，感知镜面反射原理，并利用此原理进行投影游戏。（图 7-24）

图 7-23 光斑游戏　　　　　　　　　　图 7-24 投影游戏

（二）益智类

1. 活动目标

（1）利用镜面反射原理进行棋类游戏，发展逻辑思维能力。

（2）在制定了的图形和数量任务卡片中进行立体拼图，发展幼儿空间思维能力。

（3）在各种图形的镜面中感知基本图形的外形特征。

（4）在图形镜片的拼搭中感知立体图形的形成与特点以及平面图形与立体图形的不同。

2. 制作步骤

（1）磁力双面镜：将亚克力镜片、软木板裁剪成同等边长或成倍数边长的小正方形、大正方形、三角形、长方形、六边形，将两片相同形状的镜片粘在软木板的两面，制作成双面镜，再将小磁铁按正负极相同的方向粘在双面镜的边上。

（2）镜面游戏棋：在体积相同的小木方块顶面粘上红色和绿色的小木桩，以区分两方。在四个小木方块上分别粘上一面亚克力镜片，其余三面画上士兵图案；在两个小木方块上分别粘上两面亚克力镜片，其余两面画上将军图案。用一个有凹槽的木块镶嵌红、绿激光笔（激光笔光孔用白色丙烯颜料涂上以降低光度），将其余木块分别画成盾牌棋、王棋。

3. 操作应用

（1）任务卡拼图：根据任务卡提供的两种或三种基本图形、数量及拼搭的成果图片，幼儿进行任务拼搭。此活动发展幼儿的空间思维能力和逻辑思维能力。（图7-25）

（2）镜面游戏棋：利用镜面反射原理，设置单面镜棋（士兵棋）、双面镜棋（将军棋）、盾牌棋、王棋、激光棋。幼儿利用亚克力磁力双面镜片拼搭棋盘，并在棋盘中进行布局和思考，在游戏中帮助幼儿理解光的反射原理以及锻炼幼儿逻辑思维能力。（图7-26）

（3）镜子迷宫：用磁力双面镜在亚克力操作台上自由搭建迷宫，再用磁铁和磁铁小人在搭建好的迷宫中进行游戏。（图7-27）

图7-25 任务卡拼图游戏

图7-26 镜面游戏棋游戏

图7-27 镜子迷宫游戏

（4）对称图形感知：任意选择图形或自然物等在四面镜底面的边上进行图案拼图，形成轴对称图案；在底面的角上进行图案拼图，则形成中心对称图案。通过镜面成像原理，帮助幼儿感知轴对称和中心对称的特点。（图 7-28）

（三）建构类

1. 活动目标

（1）通过同等边长或成倍数边长的几大基本几何图形的设计与构思，满足幼儿将各种图形进行任意连接和拼搭的创意。

（2）通过创意拼搭发展幼儿想象力、创造力以及空间想象能力和操作能力。

2. 制作步骤

磁力双面镜：将亚克力镜片、软木板裁剪成同等边长或成倍数边长的小正方形、大正方形、三角形、长方形、六边形，将两片相同形状的镜片粘在软木板的两面，制作成双面镜，再将小磁铁按正负极相同的方向粘在双面镜的边上。

3. 操作应用

（1）创意拼搭：根据磁力镜片组中磁铁的性能外加铁制品进行创意拼搭，发展幼儿空间想象能力的同时，激发幼儿对金属质感材料玩具的艺术欣赏和表现方法。（图 7-29）同时，还可提供其他低结构的辅助材料，供幼儿进行不同的搭建以及开展不同的游戏。（图 7-30）

（2）光影探索：为幼儿提供各种灯光，提高幼儿搭建乐趣，同时幼儿还可以对搭建物中形成的光影进行观察，激发幼儿对光影的兴趣。（图 7-31）

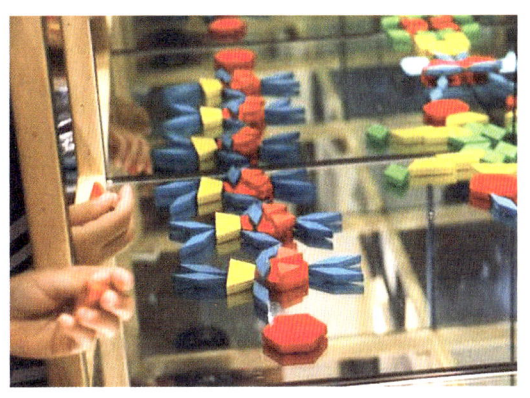

图 7-28 对称图形感知游戏

图 7-29 创意拼搭

图 7-30 马路和小车

图 7-31 光影探索游戏

（四）艺术类

1. 活动目标

（1）在镜面成像中欣赏并感知单独纹样图案。

（2）在自制万花筒中感知图案的变化。

（3）通过彩色灯光在立体镜面物中的反射，感知色彩以及色彩的变化。

（4）通过镜面绘画，丰富幼儿的绘画经验，激发幼儿的绘画兴趣。

码7-3 哇！镜子！教学视频2

2. 制作步骤

（1）磁力双面镜：将亚克力镜片、软木板裁剪成同等边长或成倍数边长的小正方形、大正方形、三角形、长方形、六边形，将两片相同形状的镜片粘在软木板的两面，制作成双面镜，再将小磁铁按正负极相同的方向粘在双面镜的边上。

（2）四面镜：用木板制成有四面的立方体，镶嵌上镜子，再用木条封边。

3. 操作应用

（1）万花筒：用磁力双面镜进行半封闭拼接后，在其中投放亚克力装饰片、绒球等物品进行转动，幼儿可在其中看到不同的花样变化，形成不同的万花筒，如三角形拼接的万花筒、长方形拼接的万花筒等，也可投入透明画板，幼儿可在画板上进行绘画，利用万花筒进行转动，帮助幼儿观察画面的变化，激发幼儿的绘画兴趣。

（2）图案欣赏与感知：在四面镜底部将平面图形或幼儿手工作品（如剪纸等）

图 7-32 图案探索游戏

进行有规律排列后，与左右镜面形成两边无限延伸的二方连续图案，帮助幼儿感知图案的特点。（图 7-32）

（五）语言类

1. 活动目标

（1）运用光影游戏和剪影图片，在光影中进行创编故事，发展语言表达能力。

（2）激发幼儿的阅读兴趣，发展幼儿的故事讲述能力。

2. 制作步骤

（1）光影架：用木条和亚克力薄板做成光影框，在框的一边用木条做可活动支架。

（2）三面镜：将两块长宽相等的木板用铰链连接在一块与它们等长、两倍宽的木板上，并镶嵌上镜面。

（3）光影片图片：在胶泥板上画上图样，用刻刀刻成镂空的图案。

3. 操作应用

（1）光影剧场：利用光和影的原理，加入场景、人物、动物、植物等剪影图片，幼儿可进行创编故事、表演故事等游戏，发展幼儿的语言表达能力及故事表演能力。（图7-33）

（2）光影书：利用三面镜和灯光形成的投影仪，将上面摆放好的光影书图片进行投影，并配合头饰、手偶等道具，供幼儿进行故事阅读、讲述、创编及表演等。（图7-34）

码7-4 哇！镜子！教学视频3

五、案例小结

"哇！镜子！"主要选用生活中最常见的物品——镜子制作而成，分为单面镜光斑器、三面镜架、四面镜箱、五面镜柜、亚克力磁力镜片组，搭配台灯、彩色灯、电筒、串灯、纽扣灯、幕布、亚克力多功能桌、铃铛、剪影图片、光源图片等组成完整的作品。本作品旨在发挥生活中常见物品的最大作用，以科学领域为主，借助镜面的多种原理及特性，与多种材料进行组合，同时涵盖艺术、语言、健康、社会等多个领域的发展。孩子在与本作品的互动中，能通过自主拆卸与组合，感受镜子的"魔力"，从而激发他们的探究欲望及创造能力，使其学会观察、乐于探索。

六、所获奖项

全国幼儿园优秀自制玩教具二等奖；贵州省幼儿园优秀自制玩教具一等奖；遵义市幼儿园优秀自制玩教具一等奖。

图7-33 光影剧场游戏　　　　　　　　图7-34 光影书游戏

案例3　瓶盖趣多多

遵义市实验幼儿园　周禹　葛赞红　陆珊

一、设计思路

"瓶盖趣多多"是一套系统的综合类玩教具，主要利用日常生活中常见的瓶盖制作而成，构思新颖、取材简便，安全、经久耐用、制作成本低，便于幼儿操作，取材多来自自然物和废旧物，如瓶盖、木板、PVC管、纸盒、绳子、坐垫、铁盒等。玩法多样，可拓展延伸出各种玩法，玩教具组合还可以巧妙地将教育内容渗透到各类游戏当中，方便幼儿操作，无毒无害，幼儿选择频率高，久玩不厌。"瓶盖趣多多"涉及领域广泛，主要有益智、运动、建构、语言、艺术等几大类别，具有趣味性、娱乐性、实用性，激发幼儿学习兴趣，促使幼儿积极主动参与游戏；开发幼儿智力，促进幼儿在原有水平基础上的个性发展；培养幼儿的综合能力。同时，还可广泛运用到日常教学、户外体育活动和区域活动中，且不容易损坏。

二、教学总目标

1. 通过益智类游戏活动，促进思维能力发展，培养观察力和注意力，提高专注力、想象力和创造力。
2. 喜欢参加建构活动，能根据自己的想象力和创造力运用瓶盖进行建构。
3. 愿意参加体育运动，发展走、跑、跳、爬、钻、投掷等运动技能，提高动作的协调性、灵活性。
4. 能大胆地运用各种表达方式，清楚、连贯、有序地表达自己的理解和想法。
5. 喜欢参与艺术类活动，能运用瓶盖进行各种想象和创作。

三、工具与材料

1. 益智类系列材料（工具）准备：瓶盖、废旧圆形铁制月饼盒、木板、白色卡纸、木棍、正方形木块、废旧坐垫、筛子、废旧纸盒、即时贴、纸板、PVC板、磁力纸、魔术贴等。
2. 建构类系列材料（工具）准备：瓶盖、木板、魔术贴、彩色冰棒棍等。
3. 运动类系列材料（工具）准备：瓶盖、粗铁丝、PVC管、奶粉罐、卡扣、绳子等。
4. 语言类系列材料（工具）准备：瓶盖、纸盒、彩色冰棒棍、无纺布等。
5. 艺术类系列材料（工具）准备：瓶盖、美工辅助材料、绘画纸等。

四、活动案例

（一）系列一：益智类

1. 活动目标

（1）通过游戏感受事物的数量关系，获得有关数、形、量、时间、空间等感性经验。

（2）能在游戏中按事物的两种或两种以上特征进行分类、排序。

（3）通过游戏提高判断、推理等认知技能，提高逻辑推断能力和思维能力。

2. 操作应用一：磁力滚珠

（1）制作步骤

在黑色的瓶盖上粘贴上磁铁，自己设计滚珠路线，将瓶盖吸在一个废旧的直径为38cm的圆形铁制月饼盒内。（图7-35）

（2）具体玩法

幼儿可1人进行游戏，通过自由摆放磁力瓶盖设计滚珠路线，从起点倾斜摇动铁盒来控制珠子滚动，直至到达终点。（图7-36）

3. 操作应用二：记忆翻翻乐

（1）制作步骤

第一步：在一块23 cm×23 cm的正方形木板四周打孔，用螺母进行固定。

第二步：将白色卡纸裁剪成与木板一样的大小，在卡纸上画上不同数量、不同排列的图案。

第三步：在红色的瓶盖中间钻一个洞，再用木棍穿过瓶盖当棋子。（图7-37）

图7-35 磁力滚珠制作

图7-36 磁力滚珠游戏

（2）具体玩法

可1~3人进行游戏，将白色卡纸图片放置在木板上，迅速记忆纸板上两个相同图案的位置，然后盖上瓶盖，通过猜拳决定谁先游戏，揭开两个瓶盖图案相同的获胜，找对的可以赢取瓶盖，找错的不得瓶盖，直到所有的图案全部翻找完毕，瓶盖多的获胜。幼儿可根据自己的学习难易程度更换图案，再重新开始游戏。（图7-38）

图 7-37 记忆翻翻乐制作

图 7-38 记忆翻翻乐游戏

4. 操作应用三：数学多功能架

（1）制作步骤

第一步：在一块直径 25 cm×8 cm 的长方形木块上打 5 个孔当作底座，将 5 根 14 cm 长的圆柱体木棍插入孔中。

第二步：在直径 3.6 cm×3.6 cm 的正方形木块的一面写上数字，另一面画上颜色不同的点数，还有 +、—、= 等符号。

第三步：将彩色瓶盖钻孔，使瓶盖可以插在木棍上，并让瓶盖的颜色与正方形木块上的点数颜色一样。（图 7-39）

（2）具体玩法

玩法一：随意摆放正方形木块有数字的一面，根据木块上的数字进行数物对应游戏。

玩法二：随意摆放正方形木块有点数的一面，根据木块上的点数和颜色进行数点对应游戏。

玩法三：随意摆放正方形木块有数字或点数的一面，进行 10 以内加减法游戏。

5. 操作应用四：寻找动物

（1）制作步骤

第一步：自制三颗六面不同颜色的骰子。

第二步：在画纸上画上各种不同颜色组合的动物图案，并粘贴在瓶盖上。

第三步：准备一个废旧的直径为 40 cm 的圆形坐垫。

（2）具体玩法

自由选择 1~3 颗骰子进行游戏：将各种不同颜色组合的动物图案瓶盖摆放在圆形坐垫上，通过猜拳决定谁先掷骰子，根据掷出的骰子颜色寻找具备相同颜色的一个瓶盖，如掷出的两颗骰子颜色分别是红色和蓝色，需要在一个动物图案中寻找同时具备红色和蓝色两种颜色的瓶盖。找对了可以赢取瓶盖，找错了不得瓶盖，直到所有的图案全部寻找完毕，瓶盖多的获胜。（图 7-40）

图 7-39 数学多功能架制作 　　　　　图 7-40 寻找动物游戏

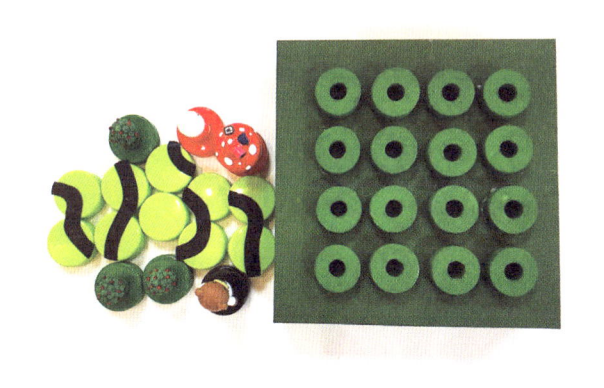

图 7-41 小白兔与大黑熊制作 　　　　图 7-42 小白兔与大黑熊游戏

6. 操作应用五：小白兔与大黑熊

（1）制作步骤

第一步：将废旧圆形木块粘贴在一个直径 30 cm×30 cm 的正方形纸盒上，当作棋盘。

第二步：将瓶盖两两粘贴在一起，在瓶盖上用黑色即时贴贴上各种路线。

第三步：将一只小白兔、一只小黑熊、三棵树、一座房子粘贴在瓶盖上。（图 7-41）

（2）具体玩法

将一只小白兔、一只小黑熊、三棵树、一座房子布置在棋盘上，通过摆放、操作各种瓶盖路线，看看小白兔怎样才能躲避大黑熊回到自己的家。（图 7-42）

7. 操作应用六：跳棋

（1）制作步骤

第一步：在一个直径 40 cm 的圆形木板上画上六种颜色的 6 角星形棋盘。

第二步：在 6 种颜色的瓶盖中间钻一个洞，用木棍穿过瓶盖做把手。（图 7-43）

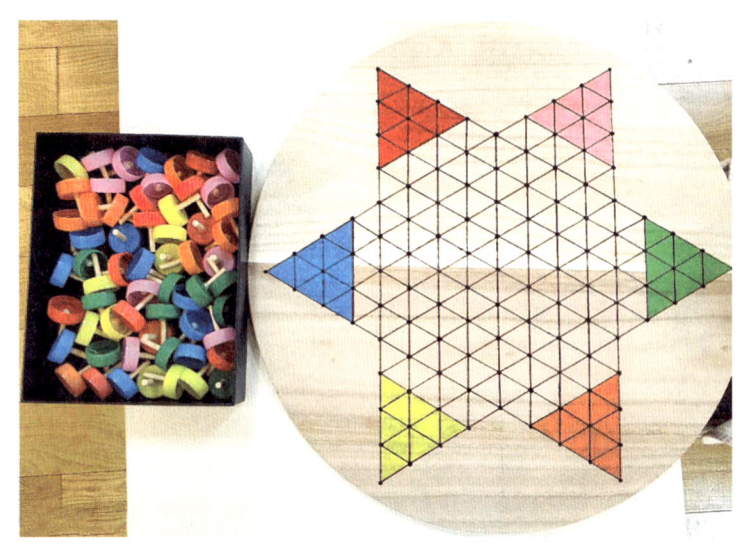

图 7-43 跳棋制作

（2）具体玩法

此游戏可以由 2~6 人同时进行。棋子分为 6 种颜色，每种颜色的有 10 枚棋子，每一位玩家拥有一种颜色的棋子，可通过"相邻跳""连续跳"等方法进行游戏，谁先把对方的阵地全部占领，谁就取得胜利。

8. 操作应用七：四色迷宫架

（1）制作步骤

第一步：将一块直径 26 cm×18 cm 的长方形木板切割成迷宫形状，再把一块小木块用颜料涂成黑色当作底座，并与迷宫木板相结合。

第二步：准备直径 10 cm×5 cm 的长方形木块若干，在木块上画上红、黄、蓝、绿 4 种颜色，以不同顺序的圆点当作卡牌。

第三步：将红、黄、蓝、绿四种颜色的瓶盖与木棍两头相粘贴，当作迷宫架上可移动的棋子。（图 7-44）

（2）具体玩法

随意选择一张卡牌，根据卡牌上的颜色位置，移动迷宫架上红、黄、蓝、绿 4 种颜色的瓶盖进行游戏，用最快的速度把游戏架上的瓶盖移动到和卡牌上的颜色点数完全一样。（图 7-45）

图 7-44 四色迷宫架制作

图 7-45 四色迷宫架游戏

图 7-46 青蛙跳荷叶制作

图 7-47 青蛙跳荷叶游戏

9. 操作应用八：青蛙跳荷叶

（1）制作步骤

第一步：在一块直径 30 cm×30 cm 的正方形木板上画上色彩鲜艳的荷叶当棋盘。

第二步：在画纸上画上青蛙图案并粘贴在绿色瓶盖上。（图 7-46）

（2）具体玩法

此游戏可以 1~4 人进行。幼儿随意摆放荷叶上的青蛙棋子，中心点的位置不放置棋子，通过猜拳决定谁先游戏，用一颗棋子跳过另外一颗棋子，被跳过的棋子就被吃掉，最后，看谁手中的棋子多，直到无法再吃棋子时游戏结束。（图 7-47）

10. 操作应用九：多功能宫格棋

（1）制作步骤

第一步：在 9 块直径 10 cm×10 cm 的木块上画 9 个小格子当宫格板。

第二步:在画纸上写上数字1~9各9个数字并粘贴在白色瓶盖上。

第三步:准备9种颜色的瓶盖当棋子。(图7-48)

(2)具体玩法

幼儿自由选择数字棋子或颜色棋子进行游戏,通过自由拼搭、摆放宫格板,使棋子每行、每列、每宫格的数字或颜色不能重复。幼儿可根据提示卡进行难易程度不一样的挑战。(图7-49)

11. 操作应用十:**趣味飞行棋**

(1)制作步骤

第一步:在一块直径30 cm×30 cm的正方形PVC板上画上飞行棋盘。

第二步:自制骰子一枚,用橘、蓝、绿、黄4种颜色的瓶盖当棋子。(图7-50)

(2)具体玩法

此游戏可以1~4人进行,每人选择一种颜色,通过猜拳的方式决定谁先掷骰子,只有掷到6点后,才能将一枚棋子起步到起点处,并再次投掷骰子,骰子停下来时是数字几,就走几步,幼儿依次轮流游戏。(图7-51)

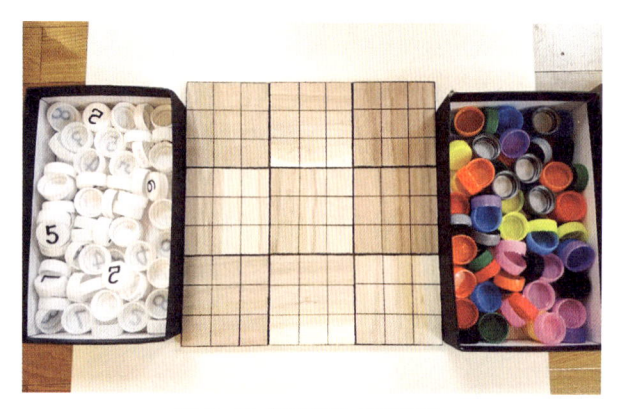

图7-48 多功能宫格棋制作

图7-49 多功能宫格棋游戏

图7-50 趣味飞行棋制作

图7-51 趣味飞行棋游戏

12. 操作应用十一：五彩跳跳棋

（1）制作步骤

第一步：在一块直径 30 cm×30 cm 的正方形 PVC 板上画上彩色格子当棋盘。

第二步：准备橘、蓝、绿、黄、红 5 种颜色的瓶盖当棋子。（图 7-52）

（2）具体玩法

此游戏可以 1~4 人进行。幼儿随意摆放彩色棋盘上不同颜色的棋子，中心点的 4 个位置不放置棋子，通过猜拳决定谁先游戏，用一颗棋子跳过另外一颗棋子，被跳过的棋子就被吃掉，并将其放到五色收集圈里，最后，看谁收集的棋子多，直到无法再吃棋子时游戏结束。

13. 操作应用十二：西瓜棋

（1）制作步骤

第一步：在一块直径 30 cm 的圆形 PVC 板上画上西瓜棋盘。

第二步：准备蓝、红两种颜色的瓶盖当棋子。

（2）具体玩法

此游戏可以由两人进行，每人选择一种颜色的棋子，每个棋子沿线走一步，三子连成一圈，围住对方一子，将其吃掉，以吃光对方的棋子为胜。（图 7-53）

图 7-52 五彩跳跳棋制作　　　　　　图 7-53 西瓜棋游戏

14. 操作应用十三：磁力拼板

（1）制作步骤

第一步：准备 4 块直径 15 cm×15 cm 的 PVC 板，在板的一面粘贴上黑色磁力纸，另一面粘贴上白色磁力纸。

第二步：用黄色即时贴将 PVC 板的双面制作成 4 cm×4 cm 的格子，在黑色磁力纸的一面粘贴上一部分白点当棋盘，在白色磁力纸的一面粘贴上一部分黑点当棋盘。

第三步：绘制各种图形、形状不一样的提示卡。

第四步：将各种颜色的瓶盖进行粘贴组合，并在瓶盖的双面贴上磁力纸当作棋子。（图 7-54）

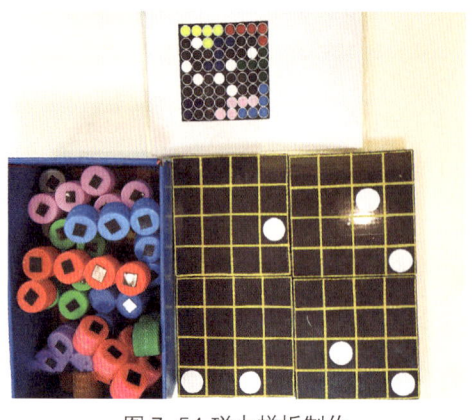

图 7-54 磁力拼板制作　　　　　图 7-55 磁力拼板游戏

图 7-56 造塔制作　　　　　图 7-57 造塔游戏

（2）具体玩法

四块拼板皆为双面设计，一面为白色，一面为黑色，四块拼板可以相互进行拼摆，黑色的面白点不能使用，白色的面黑点不能使用，幼儿根据自己的能力选择难易程度不一样的提示卡进行游戏。（图 7-55）

（二）系列二：建构类

1. 活动目标

（1）喜欢参与垒高活动，探索垒高的方法，积累有关垒高的经验。

（2）尝试运用瓶盖进行建构，提高想象力和创造力。

2. 操作应用一：造塔

（1）制作步骤

第一步：在直径 10 cm 的圆形木板上画上 3 种颜色的图案。

第二步：在直径 10 cm×10 cm 的正方形木板上画上 4 种颜色的图案。

第三步：将多种颜色的瓶盖以 4 个为一组进行粘贴，当作垒高的塔。（图 7-56）

（2）具体玩法

认识颜色的同时进行垒高建构活动。（图 7-57）

3. 操作应用二：自由拼搭

（1）制作步骤

第一步：准备一块直径60 cm×40 cm的长方形PVC板，将黑色魔术贴用热熔胶粘贴在木板上。

第二步：将瓶盖以两个为一组重叠粘贴，并将魔术贴缠在瓶盖上。

（2）具体玩法

幼儿可通过自由堆积、排列、垒高、围合进行建构活动。（图7-58）

4. 操作应用三：交通标志

（1）制作步骤

在瓶盖中间钻孔，把彩色冰棒棍插入瓶盖的孔里，再将白纸画好的交通标志粘贴在冰棒棍上。（图7-59）

（2）具体玩法

幼儿在不同的主题建构场景中，如小区、公路等主题场景搭建中，可将其当作交通标志进行建构游戏，当幼儿看到什么交通标志，则要做出相应的行为。

图7-58 自由拼搭游戏

图7-59 交通标志制作

（三）系列三：运动类

1. 活动目标

（1）能双脚或单脚连续向前行进跳或左右两侧行进跳。

（2）能熟练地在不同高度的障碍物下进行钻、爬。

（3）会用肩挥臂瞄准目标进行投掷。

2. 操作应用一：瓶盖彩圈

（1）制作步骤

第一步：用粗铁丝拧成直径为40 cm的圆圈，再将彩色瓶盖中间钻孔，并穿进铁丝里。

图 7-60 瓶盖彩圈制作

第二步：将 PVC 管裁成 10 cm 长的小节，穿进铁丝里与瓶盖组合，并在铁丝的接头处用毛线进行缠绕。（图 7-60）

（2）具体玩法

当瓶盖彩圈组合在一起时可以玩障碍跨跳游戏，还能和其他固定、半固定或移动器械组合在一起玩体能大循环；当对瓶盖彩圈进行单独拆分，则可以玩投掷游戏等。总之，瓶盖彩圈是可组合可拆分的体育玩具，可以对幼儿进行走、跑、跳、投掷等技能练习。（图 7-61）

3. 操作应用二：百变瓶盖棍

（1）制作步骤

第一步：将奶粉罐加一截 PVC 管，用水泥浇灌制作成底座。

第二步：在彩色瓶盖中间钻孔，穿进 PVC 管子里并加上卡扣。（图 7-62）

（2）具体玩法

该玩具活动式的卡扣设计，可将横向摆放的 PVC 管调高或调低，让不同能力的孩子进行障碍跨跳练习。同时，此玩具配合攀爬垫能让幼儿进行钻爬练习，投放攀爬网还能让幼儿玩匍匐前进等军事体验游戏，也是可组合可拆分的一物多玩的体育玩具。

图 7-61 瓶盖彩圈游戏

图 7-62 百变瓶盖棍制作

4. 操作应用三：瓶盖魔法绳

（1）制作步骤

在彩色瓶盖中间钻孔，穿进绳子里，每种颜色穿一截，制作成长短不一的魔法绳。

（2）具体玩法

瓶盖魔法绳的玩法比较多样，根据摆出的不同形状，进行相应的动作练习，可摆出S形进行接力障碍跳，可摆出直线左右单脚跳，可摆出圆圈状玩跑圈游戏等。同时，还可融入一些民间体育游戏，提高游戏的趣味性。（图7-63）

图7-63 瓶盖魔法绳游戏

（四）系列四：语言类

1. 活动目标

（1）喜欢听故事，看图书，能专注地阅读图书。

（2）能对照故事材料进行操作演示，并清楚地表达自己的理解和想法。

2. 操作应用一：欢乐剧场

（1）制作步骤

第一步：将废旧纸盒进行装饰，将其制作成欢乐剧场。

第二步：将瓶盖钻孔，把彩色冰棒棍插入瓶盖的孔里，再将白纸画好的各种动物图案粘贴在冰棒棍上，将其制作成各种瓶盖手偶。（图7-64）

（2）具体玩法

该玩教具可投放在语言区或表演区，供幼儿进行语言讲述活动和手偶操作表演，投放桌面场景配合表演效果更佳。幼儿可单独表演，也可合作表演。（图7-65）

图7-64 欢乐剧场制作

图7-65 欢乐剧场游戏

图 7-66 故事盒制作　　　　　　　　图 7-67 故事盒游戏

3. 操作应用二：故事盒

（1）制作步骤

第一步：将废旧纸盒进行装饰，将其制作成故事盒。

第二步：将瓶盖粘贴制作成各种昆虫、动物造型。（图 7-66）

（2）具体玩法

幼儿操作用瓶盖做成的各种昆虫、动物造型等进行故事讲述活动，可以单人操作，也可以根据故事情节分角色进行多人操作。同时，瓶盖动物与场景之间活动式的设计，幼儿可以自主取拿，方便幼儿进行更多创造性的讲述。（图 7-67）

4. 操作应用三：自制绘本

（1）制作步骤

第一步：将纸板裁成直径 25 cm×25 cm 的正方形，再将彩色无纺布裁成直径 25 cm×25 cm 粘贴在纸板上。

第二步：将瓶盖与无纺布进行组合制作成故事内容场景，将故事打印成文字进行粘贴。

第三步：将无纺布纸板进行打孔，用圆圈扣进行连接，将其制作成绘本。（图 7-68）

（2）具体玩法

自制绘本可投放在阅读区，供幼儿自主进行绘本阅读。同时，还可配合一些场景和道具供幼儿进行创造性表演或讲述，如头饰、手偶、指偶等。

图 7-68 自制绘本制作

（五）系列五：艺术类

1. 活动目标

（1）尝试运用瓶盖进行绘画，体验特殊材料作画的兴趣。

（2）能运用瓶盖进行不同造型的手工创造。

2. 操作应用：创意瓶盖画

（1）制作步骤

第一步：利用身边的废旧鞋盒或废旧硬纸壳打底。

第二步：提供双面胶、马克笔及不同大小和颜色的瓶盖，供幼儿进行自由的艺术创作。

图 7-69 创意瓶盖画游戏

（2）具体玩法

幼儿自己选择瓶盖进行绘画、手工制作。可以是平面作品，也可以创作立体作品。（图 7-69）

五、案例小结

"瓶盖趣多多"以幼儿为中心，体现"童心""童趣"，具有趣味性、娱乐性、实用性，激发幼儿爱学习的兴趣，积极主动参与游戏，开发幼儿智力，促进幼儿在原有水平基础上的个性发展，培养幼儿的综合能力。玩教具组合巧妙地将教育内容渗透到各类游戏当中，可以开发幼儿的智力潜能，培养了幼儿的逻辑思维能力和想象力，提高了思维的敏捷性、严密性，培养了分析推理、判断、计划等多种能力，锻炼了幼儿的观察力、注意力、记忆力、想象力、分析判断力，可以促进幼儿在想想玩玩中发展交往能力和思维能力。训练幼儿的跳跃、投掷、钻爬、手眼协调能力，锻炼幼儿腿部灵活性，发展幼儿的语言表达能力，敢在众人面前说话，利用瓶盖进行艺术创作，表现自己的所见所想。

六、所获奖项

贵州省幼儿园优秀自制玩教具三等奖；遵义市幼儿园优秀自制玩教具一等奖。

拓展练习

一、简答题

1. 综合类玩教具的制作材料建议是什么？
2. 教师在制作与应用综合类玩教具时应结合儿童哪些学习与发展规律？
3. 综合类玩教具设计与制作的要点有哪些？
4. 综合类玩教具应用与指导的要点有哪些？

【答案解析】略。

二、论述题

1. 结合本章经典案例分析，举例说明综合类玩教具制作与应用的基本思路。
2. 结合本章具体实例，分析实例中综合类玩教具制作与应用的优点和不足，并根据存在的问题提出合理的建议。

【答案解析】略。

综合实训

1. 根据本章所学内容，以小组为单位，利用身边的自然材料和废旧材料等，组内自己选材，为3~6岁幼儿设计制作一套综合类玩教具，体现多领域、多玩法、多功能和耐用性等，并写出作品名称，适合年龄段，设计思路，教育目标，工具材料，活动案例（活动目标、制作步骤、具体玩法），小结与反思等，下次课前以小组为单位进行展示与评析。

2. 选择一所幼儿园，分析该园的社区文化资源、园情、师情和幼情等，与该园教师联合教研，尝试为该园进行"理想化"的游戏材料本土化设计，先行画出整体构思再进行合作制作，并投放在幼儿园实践中进行应用跟进。以彰显幼儿园的园所特色，促进学生专业成长。

【答案解析】略。

参考文献

一、中文著作

[1] 刘焱.儿童游戏通论[M].北京：北京师范大学出版社,2004.

[2] 中华人民共和国教育部.幼儿园教育指导纲要（试行）[M].北京：北京师范大学出版社,2001.

[3] 中华人民共和国教育部.3~6岁儿童学习与发展指南[M].北京：首都师范大学出版社,2012.

[4] 教育部教师工作司.幼儿园教师专业标准（试行）解读[M].北京：北京师范大学出版社,2013.

[5] 刘祥海,王区区.幼儿园玩教具制作[M].北京：高等教育出版社,2016.

[6] 汝茵佳.幼儿园玩具教具制作[M].北京：人民教育出版社,2016.

[7] 郭力平,谢萌.幼儿园玩教具：配备、设计制作与应用[M].北京：中国轻工业出版社,2014.

[8] 上海市教育委员会教育技术装备中心.图解幼儿园优秀自制玩教具[M].上海：华东师范大学出版社,2017.

[9] 北京师范大学实验幼儿园.幼儿园自制玩教具精选[M].北京：北京师范大学出版社,2015.

[10] 中国教育科学研究院早期教育研究中心.幼儿园玩教具制作[M].北京：教育科学出版社,2015.

[11] 林琛琛.幼儿园玩教具设计与制作[M].北京：科学出版社,2018.

[12] 王燕.幼儿园玩教具制作[M].北京：人民邮电出版社,2017.

[13] 宫宝明.幼儿园自制玩教具指导与范例[M].北京：中国轻工业出版社,2017.

[14] 崔庆华.幼儿园玩教具设计与制作（第二版）[M].武汉：华中科技大学出版社,2018.

[15] 常晶,顾晓霞.变废为宝,乐享运动：幼儿园自制玩教具精选[M].北京：北京师范大学出版社,2020.

[16] 黄玉娇,周霞,申利丽.幼儿园常规区域活动指导[M].成都：西南交通大学出版社,2018.

[17] 黄玉娇,周霞.幼儿园区域活动新思考[M].成都：西南交通大学出版社,2019.

[18] 杨雄,黄玉娇,杨晓萍.学前教育史[M].重庆：西南师范大学出版社,2018.

[19] 冯晓霞.幼儿园课程[M].北京：北京师范大学出版社,2000.

[20] 靳桂芳.幼儿园教玩具设计与制作[M].上海：华东师范大学出版社,2014.

[21] 陈鹤琴.陈鹤琴教育思想读本·儿童游戏与玩具[M].陈秀云,柯小卫,选编.南京：南京师范大学出版社,2013.

[22] 汪荃.幼儿园活动区玩具配备实用手册[M].北京：农村读物出版社,2006.

[23] 任兴邦.玩具100年：中国现代玩具工业发展史[M].北京：中国人事出版社,2006.

[24] 李墨谦.世界玩具经典：公司·历史·大师[M].北京：中国传媒大学出版社,2010.

[25] 叶雁虹,陈庆.学前教育装备指南[M].上海：上海世界图书出版公司,2008.

[26] 中国机械工程学会.3D打印 打印未来[M].北京：中国科学技术出版社,2013.

[27] 许凯,袁爱玲,崔丽娟.幼儿园教学具设计与使用指导[M].福州：福建教育出版社,2012.

[28] 王向东.幼儿园园本玩具设计与开发[M].上海：复旦大学出版社,2013.

[29] 王连海. 中国民间玩具简史[M]. 北京：北京工艺美术出版社,1991.

[30] 杨莉君. 学前教育政策法规概论（修订版）[M]. 长沙：湖南师范大学出版社,2018.

二、中文期刊

[1] 潘月娟,刘焱,杨晓丽. 幼儿园玩教具配备规范的内容与实效分析——以积木配备为例[J]. 学前教育研究,2016（7）.

[2] 毛菊,于影丽,赵艳. 幼儿教师玩教具制作现状审思[J]. 天津师范大学学报（基础教育版）,2011,12（4）.

[3] 向海英,林梅梅. 玩与学的释义：来自实践的声音——一场关于幼儿园游戏的对话[J]. 学前教育研究,2007（12）.

[4] 刘焱. 幼儿园自制玩教具活动的意义、指导思想和评价标准[J]. 学前教育研究,2007（9）.

[5] 刘焱,石晓波. 国外幼儿园装备规范的比较研究[J]. 比较教育研究,2014,36（9）.

[6] 王文璧,陈维. 玩具分类大搜索[J]. 玩具世界,2011（10）.

[7] 钱涛,周红生. 儿童玩具开发设计之思考[J]. 湖南包装,2003（3）.

[8] 宋丽姝,王馨冉,张丙辰. 3~6岁儿童科学概念的形成及其教具的设计研究[J]. 设计,2020,33（3）.

[9] 方琳宇. 布艺文化在高职院校的传承与创新——以福建幼专玩教具（布艺）工作坊实践探索为例[J]. 创新创业理论研究与实践,2020,3（24）.

[10] 霍力岩. 从学前教育装备的视角谈幼儿园自制玩教具与幼儿的有效学习[J]. 教育与装备研究,2018,34（12）.

[11] 胡新宁. 改革开放以来我国幼儿园玩教具配备规范的价值取向嬗变[J]. 早期教育（教科研版）,2020（3）.

[12] 李道远. 基于3D打印技术的幼儿园玩教具快速制作[J]. 教育导刊（下半月）,2019（9）.

[13] 陈晨,李文竹. 科学类自制学前玩教具：超级飞船[J]. 中国现代教育装备,2020（8）.

[14] 马史火,李芳. 凉山彝区幼儿园本土课程资源的开发与利用研究——以凉山彝区"一村一幼"辅导员的玩教具制作为例[J]. 西昌学院学报（社会科学版）,2019,31（4）.

[15] 贾玮. 双创背景下学前教育专业玩教具设计制作课程创新途径[J]. 陕西教育（高教）,2020（9）.

[16] 刘冬雪,侯暖,毕硕. 益智类自制学前玩教具：超级连连看[J]. 中国现代教育装备,2020（12）.

[17] 陈庆. 幼儿园科学玩教具的配置和使用研究[J]. 中国现代教育装备,2019（16）.

[18] 何建闽,樊汝来,张晓,等. 幼儿园玩教具安全研究综述[J]. 教育与装备研究,2016,32（5）.

[19] 王永杰,孙小聪. 幼儿园自制玩教具的现状研究——以南京市X幼儿园为例[J]. 豫章师范学院学报,2020,35（4）.

[20] 孙璐璐. 运动类自制学前玩教具：中国龙[J]. 中国现代教育装备,2019（24）.

[21] 柯春燕. 运用民间玩具资源自制幼儿园玩教具的策略研究[J]. 教育与装备研究,2019,35（8）.

[22] 刘丹丹. 重视玩教具的制作 提升学前教育发展水平——贵州省幼儿园自制玩教具评价标准解析[J]. 贵州教育,2019（15）.

三、学位论文

[1] 黄玉娇. 材料结构及投放方式对幼儿创造性想象的影响研究 [D]. 重庆：西南大学, 2014.

[2] 李娟. 促进教师观察了解儿童学习与发展水平的研究 [D]. 上海：华东师范大学, 2011.

[3] 续润笑. 幼儿园自制玩教具研究 [D]. 南京：南京师范大学, 2014.

[4] 何洁. 陈鹤琴儿童玩具思想研究 [D]. 南京：南京师范大学, 2015.

[5] 李霞. 基于多元智能理论的儿童玩具设计的探索性研究 [D]. 沈阳：沈阳航空工业学院, 2006.

[6] 吴树玉. 儿童玩具的艺术教育功能 [D]. 武汉：武汉理工大学, 2005.

[7] 李珊珊. 宁波怡人玩具公司 0~6 岁木制玩具设计研究 [D]. 长沙：湖南大学, 2011.

[8] 李静. 儿童木制玩具设计之研究 [D]. 济南：山东轻工业学院, 2011.

[9] 董旭旭. 纸制玩具的设计与应用研究 [D]. 西安：西安理工大学, 2012.

[10] 潘凤. 基于绿色理念下的纸制玩具创意设计研究 [D]. 西安：陕西科技大学, 2008.

[11] 谢宁. 基于游戏共同体的幼儿园自制玩具研究 [D]. 南京：南京师范大学, 2007.

后 记

本书是"幼儿园玩教具制作与应用"课程尝试进行创新性课堂教学实践改革研究的产物，是贵州省本科高等教育教学改革研究项目"以长征文化落实学前教育专业艺术类课程思政的研究与实践"（项目编号：2020178）的研究成果之一，也是遵义师范学院精品课程建设项目"基于'雨课堂'的'幼儿园玩教具设计与制作'线上线下混合式精品课程建设"（项目编号：JGZJ2019005）的研究成果之一。

本书在编写团队上，力求吸收兄弟院校任课教师、优秀教研员、一线优秀园长和优秀骨干教师参与编写，实现了跨区域、跨单位的多层次、多样化合作。本书由遵义师范学院教师教育学院副教授、学前教育教研室主任黄玉娇，重庆市北碚区教师进修学院高级教师、学前教研员周霞统稿与审定，具体分工如下：第一章第一节至第五节由铜仁职业技术学院莫莹编写；第一章第六节、第七节由遵义师范学院秦建勋编写；第二章第一节由重庆市北碚区缙云幼儿园潘文锐编写；第三章第一节由重庆市北碚区复兴幼儿园龚国莲编写；第四章第一节由重庆市北碚区黄桷幼儿园周俐娟编写；第五章第一节由重庆市北碚区澄江幼儿园胡正玲编写；第六章第一节由重庆市北碚区职业教育中心雷蕾编写；第七章第一节由重庆市北碚区实验幼儿园蔡晓余编写；第二章至第七章的第二节由黄玉娇修改与审定；全书的微课程资源由黄玉娇等编辑与整理。

本书在编写、出版的过程中，自始至终得到了编写团队成员、编写人员所在单位及西南大学出版社领导和职工的大力支持，在此一并表示最诚挚的谢意。尤其要感谢重庆市北碚区教师进修学院周霞老师对全书提出的很多富有卓见的宝贵建议，及其名师工作室团队对本书编写的大力支持；要感谢遵义市学前教育发展中心高级教师、主任、园长张艳梅，高级教师、副主任、副园长陈珊，遵义市播州区实验幼儿园高级教师、园长王双对本书实践案例的大力支持；还要感谢遵义市播州区实验幼儿园副园长余琳媛，遵义市学前教育发展中心教师周敏、贺媛娜等在前期做的大量工作，付出了辛勤的劳动。此外，本书在编写过程中还参考、引用、借鉴了许多国内外学者的研究成果，在此一并表示感谢。

虽然全体编写人员为写好本书做了最大的努力，付出了艰辛的劳动，但由于作者学识浅陋，水平有限，也因时间仓促，且大部分内容来自一线幼儿园教师的教学案例，难免会有许多疏漏和不足之处，恳请各位专家、同行、读者批评指正，以便不断修订完善。

黄玉娇
2021年11月15日
于遵义师范学院教师教育学院